르네상스

THE RENAISSANCE: A Very Short Introduction, First Edition

첫단추 시리즈
027

르네상스

제리 브로턴 지음
윤은주 옮김

교유서가

차례

서론

대(大)화백
한스 홀바인

'르네상스'라고 할 때 그것이 무엇을 의미하는지 이해하려면 국립 박물관과 예술 갤러리는 꼭 가봐야 한다. 런던 내셔널 갤러리를 찾는 사람들은 대부분 이 갤러리가 소장한 컬렉션에서 가장 유명한 작품 중 하나인 한스 홀바인의 〈대사들Jean de Dinteville und Georges de Selve〉(1533)을 찾는다. 많은 사람들에게 한스 홀바인의 작품은 유럽 르네상스 하면 언제나 떠오르는 이미지다. 도대체 어떤 점이 홀바인의 작품을 '르네상스' 이미지로 각인시켰을까?

〈대사들〉은 16세기 사회의 물건들을 배경으로 우아하게 차려입은 두 명의 신사를 그려냈다. 자신감 넘치면서도 미심쩍은 듯한 표정으로 작품 감상자를 응시하는 르네상스인들, 그

1. 르네상스 시대의 대표작인 한스 홀바인의 〈대사들〉은 19세기에야 발견되었다. 작품 속에 등장하는 불가사의한 인물들과 사물들은 이 시대에 대한 풍부한 전망을 제공한다.

리고 그들의 세계에 대해 이토록 상세하고 정확하게 이루어진 묘사는 홀바인 이전에는 어느 작품에서도 볼 수 없었다. 개성의 창조를 강하게 의식하고 있다는 점에서 중세 예술과는 훨씬 더 거리가 멀어 보인다. 홀바인의 것과 같은 회화 작품들에서 나타나는 다양한 감정의 동기를 모두 파악하기는 어렵겠지만, 그래도 뚜렷하게 '근대적'이라 할 만한 감정들을 확인할 수는 있다. 달리 말하자면, 〈대사들〉 같은 그림들을 볼 때, 우리는 근대적인 정체성과 개성의 출현을 보고 있는 것이다.

홀바인의 작품을 르네상스에 대한 하나의 예술적 표현으로 이해하려는 시도는 유용한 출발점이다. 그러나 다소 모호한 용어들이 늘어나기 시작했고, 설명이 필요할 것 같다. '근대 세계'란 무엇일까? 이것은 '르네상스'만큼이나 종잡을 수 없는 용어 아닌가? 중세 미술은 그토록 단순하게 정의되어도 (그리고 사실상 무시되어도) 되는가? '르네상스인'이란 무엇인가? '르네상스 여성'은 어떠했는가? 이 문제에 답하기 위해서는 먼저 홀바인의 그림을 보다 면밀하게 검토할 필요가 있다.

르네상스와 교육

두 인물의 시선만큼이나 눈길을 끄는 것은 작품의 중앙에 놓인 테이블과 그 상단과 하단에 이리저리 흩어져 있는 물건들이다. 하단에는 두 권의 책(찬송가집과 상인의 산술책), 류트, 지구의, 플루트 케이스, 삼각자, 컴퍼스가 있다. 상단에는 천구의와 매우 전문적인 과학 장비들, 즉 사분의, 해시계, 토르퀘툼(시간과 천체의 위치를 측정하는 장치)이 있다. 이 물건들은 르네상스 교육의 기초인 7개 교양 과목을 상징한다. 세 개의 기본 과목—문법, 논리학, 수사학—은 3과(*trivium*)로 불렸다. 이 과목들은 두 인물의 활동과 관련되어 있었던 듯하다. 이들은 대사로서 문서를 처리하는 것은 물론 무엇보다도 논쟁과 설득의 기술을 연마한 사람들이었다. 4과(*quadrivium*)는 산술, 음악, 기하, 천문학으로서 홀바인의 산술책, 류트, 과학 도구들에 대한 정확한 묘사에서 선명하게 표현되어 있다.

이 아카데믹한 과목들이 당대의 젊은이들이 이수해야 할 교육 과정인 인문학(*studia humanitatis*), 대중적으로 더 알려진 표현으로는 인문주의(humanism)의 기초를 구성했다. 인문주의란 14세기 후반과 15세기 유럽에서 일어난 그리스와 로마의 언어, 문화, 정치, 철학 분야의 고전 문헌을 연구하는 새로운 기풍을 말한다. 인문학의 고도로 유연한 성격은 다양한 새로운 학문 분과들의 연구를 촉진했다. 이렇게 해서 고전 문헌학, 문학, 역사학, 도덕 철학 같은 르네상스적 사고에 핵심적인 분야들이 발전했다.

홀바인은 작품 속의 인물들이 학자이면서 동시에 세속적

인 인사이고, 자신의 지식을 명성과 야망을 추구하는 데 사용할 줄 아는 '신인류'임을 보여주고자 했다. 왼편의 인물은 영국 왕 헨리 8세의 궁정에 파견된 프랑스 대사 장 드 댕트빌이다. 오른편의 인물은 그의 가까운 친구인 조르주 드 셀브라는 라보르의 주교다. 테이블 위에 놓인 물건들은 정치와 종교 분야에서 이들의 위치가 인문주의적 지식과 긴밀하게 연결되어 있음을 보여주기 위해 선택되었다. 이 작품은 물건들이 표상하는 분야들에 대한 지식이 세속적인 야망과 출세에 핵심적이었음을 보여준다.

르네상스의 어두운 면

홀바인의 그림 속 사물들을 보다 면밀하게 검토해보면, 우리는 르네상스에 대한 아주 다른 해석으로 나아가게 된다. 테이블 하단에는 현 하나가 끊어진 류트가 놓여 있는데, 이는 불협화음을 상징적으로 보여준다. 류트 옆에는 종교 개혁가 마르틴 루터의 작품으로 보이는 찬송가집이 펼쳐져 있다. 그림 속 오른편 가장자리에는 커튼이 살짝 걷혀 있고, 그 뒤로 십자가 상이 보인다. 이 물건들은 르네상스 시대의 종교적 논쟁과 불화를 떠올리게 한다. 홀바인이 이 그림을 그렸을 당시, 루터의 프로테스탄트 사상은 로마 가톨릭 교회의 기성의 권위를 거역하면서 유럽 전역을 휩쓸고 있었다. 망가진 류트는 나란히 놓인 루터의 찬송가집과 가톨릭 십자가와 함께 홀바인이 형상화한 종교적 갈등의 강력한 상징이다.

홀바인이 그린 루터의 찬송가집은 인쇄본임이 확실하다. 15세기 후반에 발명된 인쇄술은 정보와 지식의 생산과 유포, 이해에 혁명적인 변화를 가져왔다. 필사 작업이 고되고 종종 부정확했던 것과 비교할 때, 인쇄술은 이전에는 상상할 수 없을 정도로 빠르고 정확할 뿐만 아니라 많은 양을 한꺼번에 유포할 수 있었다. 그러나 새로운 생각이 인쇄되어 빠르게 전파되자 불안정과 불확실성, 우려가 생겨났고, 예술가들과 사상가들은 자신이 누구인지 그리고 급속히 팽창하는 세계에서 어떻게 살아야 하는지에 대해 의문을 갖게 됐다. 성취와 그것이 만들어낸 불안 사이의 이러한 관계는 르네상스의 두드러진 특징들 가운데 하나다.

홀바인의 그림 속 루터의 찬송가집 옆에는 또다른 인쇄본이 자리하고 있다. 일견 평범해 보이는 이것은 사실 르네상스의 또다른 차원을 말하고 있다. 이 책은 상인들을 위한 손익계산 설명서다. 보다 '문화적인' 서적과 도구들 옆에 이런 책이 있다는 것은 사업과 금융업이 예술 및 문화와 밀접하게 연결되어 있었음을 보여준다. 이 책은 르네상스 인문주의 교육의 4과를 암시할 뿐만 아니라 르네상스의 문화적 성취가 교역과 금융 분야에서의 성공에 기초했다는 인식 또한 보여준다. 세계가 규모가 커지고 점점 더 복잡해짐에 따라 화폐와 재화의 순환을 점점 더 파악하기 어려워지면서, 이익을 늘리고 손실을 줄이려면 이를 이해하기 위한 새로운 방식이 필요했다. 그 결과 수학과 같은 학문에 대한 새로운 관심이 일어났다. 수학은 전 지구화 되어가는 르네상스 세계의 경제 여건을 이해하는 하나의 수단이었다.

상인의 산술책 뒤에 있는 지구의는 무역과 금융의 팽창이 르네상스를 정의하는 하나의 요소에 불과함을 확인시켜준다. 지구의는 이 그림에서 가장 중요한 물건들 가운데 하나다. 항해, 탐험, 발견은 르네상스의 역동적이면서도 문제적인 측면들이었다. 홀바인의 지구의는 세계에 대한 가장 최신의 표현, 즉 1533년의 세계 인식을 통해 이런 사실을 말해주고 있다. 유럽에는 '에우로파'라는 이름이 붙어 있다. 이는 그 자체로서 중요한데, 왜냐하면 15, 16세기는 유럽이 하나의 공통된 정치적·문화적 정체성을 소유한 것으로 정의되기 시작했던 시점이었기 때문이다. 이 사람들보다 앞선 시대의 사람들은 스스로를 '유럽인'이라고 부른 적이 거의 없었다. 홀바인은 1492년에 시작된 크리스토퍼 콜럼버스의 '신세계' 항해, 그리고 1522년에 이루어진 페르디난드 마젤란의 첫 세계 일주뿐만 아니라 아프리카와 아시아에서 행해진 항해들을 통해 최근에 발견된 것들을 그려냈다. 이러한 발견은 급속하게 팽창하는 세계 속에 유럽을 위치시켰고, 나아가 새롭게 마주친 문화들, 공동체들과 유럽의 관계를 변화시켰다.

인쇄술이나 종교적 격동의 영향과 더불어 이러한 세계적 팽창은 이중적 의미의 유산을 남겼다. 그중 하나는 전쟁과 질병을 통한 토착 문명과 공동체의 파괴였다. 그들이 유럽인들의 신앙과 생활 방식을 채택할 준비가 되어 있지 않았기 때문에 혹은 채택하는 데 관심이 없다는 이유에서 벌어진 일이었다. 이처럼 이 시대에는 문화적 · 과학적 · 기술적 성취와 더불어 종교적 불관용, 정치적 무지, 노예제 그리고 부와 지위에서의 심각한 불평등이 진행되었다. 이른바 '르네상스의 어두운 면'은 바로 이런 것들이었다.

정치와 제국

이는 홀바인의 작품 속에서 다뤄진 르네상스의 또다른 중요한 측면들이다. 작품 속 인물들과 물건들을 정의하는 또다른 용어는 바로 권력, 정치, 제국이기 때문이다. 이 문제들의 중요성을 이해하고 그것이 작품 속에 어떻게 드러나는지를 파악하기 위해서는 작품의 인물들에 대해 좀더 잘 알아둘 필요가 있다. 댕트빌 대사와 셀브 주교는 프랑스 왕 프랑수아 1

세의 명령으로 1533년 영국에 머물렀다. 영국 왕 헨리 8세는 비밀리에 앤 볼린과 혼인했고 교황이 첫번째 왕비와의 이혼을 허락하지 않는다면 가톨릭교회를 떠나겠다고 위협하는 중이었다. 댕트빌 대사와 셀브 주교는 헨리 8세가 로마와 결별하는 것을 막기 위해 노력하고 있었고 프랑수아 1세의 협상 중재자로 활동했다. 따라서 르네상스 역사에서 대체로 그러하듯 이 그림이 남성들 사이의 관계만을 다루고 있다 해도, 그림 속에는 없는 한 여성에 대한 다툼이 이 그림의 중심에 자리잡고 있다는 것을 알 수 있다. 이 여성의 존재가 작품의 인물들과 배경들 속에서 강하게 감지된다. 여성들을 침묵하게 하려는 남성들의 고집스러운 시도들은 가부장적인 사회에서 여성들의 복잡한 지위에 대해 더 큰 궁금증을 불러일으킨다. 여성들은 르네상스의 많은 문화적·사회적 발전들의 혜택으로부터 배제되었으나, 남성 계승자의 지위를 가지고 르네상스를 작동시키는 핵심적인 역할을 했고 르네상스의 남성 지배적인 문화를 영속시키는 데 일조했다.

이 외에도 댕트빌 대사와 셀브 주교가 런던에 머문 이유는 또 있었다. 당대 유럽 정치에서 또하나의 큰 세력이었던 오스만 제국의 술레이만 대제와 헨리 8세와 프랑수아 1세 사이의 새로운 정치적 연합을 중개하기 위해서였다. 홀바인의 작품 속 테이블 상단에 놓인 천은 오스만 제국에서 생산된 것으로서 오스만 제국의 전통 문양을 보여준다. 오스만인들과 그들의 동쪽으로 뻗은 영토는 르네상스의 문화적·상업적·정치적 풍경의 일부였다. 셀브 주교와 댕트빌 대사가 헨리 8세로 하여금 프랑수아 1세와 술레이만 대제와의 동맹에 관심을 갖도록 유도한 것은 르네상스 시대의 또다른 큰 제국이었던 카를 5세의 신성로마제국에 대한 두려움이 있었기 때문이다. 그의 제국과 비교할 때 영국과 프랑스는 약소국에 불과했다. 작품 속의 지구의가 이런 사실을 말해준다. 지구의는 또한 유럽 국가들이 이제 막 새로 발견된 세계를 분할하기 시작했음을 보여준다. 예를 들면 콜럼버스의 아메리카 '발견' 이후인 1494년 에스파냐와 포르투갈 제국이 정한 분할선을 그대로 재현했다.

이 분할선은 멀리 동쪽 지역에 대한 다툼을 해결하기 위한 것이었다. 에스파냐와 포르투갈은 말루쿠 제도라고 하는, 멀긴 하지만 매우 수익성이 높은 향신료를 생산하는 인도네시아의 여러 섬들을 차지하기 위해 싸우고 있었다. 르네상스 시대에 유럽은 지구의의 중심부를 차지했으나, 오스만 제국의 실크를 비롯한 직물들부터 인도네시아 군도의 후추와 여러 향신료들에 이르는 동쪽의 부를 바라보고 있었다. 홀바인의 작품 속 인물들이 입은 실크와 벨벳부터 실내를 장식하고 있는 직물과 작품들까지 많은 물품이 동방에서 온 것들이었다.

홀바인의 그림 하단부의 사물들은 인문주의, 종교, 인쇄술, 무역, 탐험, 정치와 제국, 계속되는 부, 동양에 대한 지식 등 르네상스의 다양한 양상들을 보여준다. 상단부의 사물들은 훨씬 더 추상적이고 철학적인 문제들을 다루고 있다. 천구의는 별과 우주의 본성을 측정하기 위한 천문학 도구다. 천구의 옆에는 태양 광선으로 시간을 알아내기 위한 눈금판들이 있다. 큼직한 도구 두 개는 사분의와 토르퀘툼인데, 시간과 공간을 측정하여 배의 위치를 알아내는 항해 도구다. 이러한 도구들의 대부분은 아랍인과 유대인 천문학자들에 의해 발명되었으며 유럽인 여행자들이 장거리 항해를 위한 항법 기술을 필요로 하면서 서양에 알려졌다. 이러한 것들이 자연 세계를 이해하고 정복하려는 르네상스인들의 욕구를 더욱 북돋웠다. 르네상스 철학자들이 세상의 본질에 대해 논의하는 동안, 항해가와 도구 제작자, 과학자 등은 이러한 철학자들의 논쟁이 자연의 문제들에 대한 실용적인 해결책으로 이어지게 했다. 그 결과가 바로 홀바인의 그림 속 사물들 같은 것이었다.

마지막으로 그림의 바닥 부분을 비스듬하게 절단하는 이미지를 살펴보자. 똑바로 보면 이 뒤틀린 모양의 의미가 이해되지 않을 것이다. 그러나 보는 사람이 그림의 각도로 선다면, 이미지는 완벽하게 그려진 해골로 변신할 것이다. 이것은 르네상스 시대의 여러 예술가들이 사용했던 왜상화법이라고 알려진 첨단의 원근법 기술이었다. 예술사가들은 이것을 부와 권력과 학식이 한창일 때 죽음이 우리 모두에게 올 수 있다는 사실을 상기시킴으로써 으스스하게 만드는 것, 즉 허무(*vanitas*)의 이미지라고 해석한다. 그러나 해골은 또한 후원자의 요구 사항과 상관없이 홀바인 자신의 예술적인 진취성을 보여주는 것일 수도 있다. 이는 그가 기량이 뛰어난 기술자로서의 지위에서 벗어나 혁신적인 회화 이미지를 제작하면서 광학과 기하학 같은 새로운 기술과 이론을 실험하는 예술가로서 화가의 자율성과 권한의 확대를 주장하고 있음을 보여준다.

르네상스는 언제, 어디서 일어났는가

르네상스는 보통 피렌체 같은 이탈리아 도시국가들과 연결된다. 그러나 이탈리아의 이 의심할 여지 없는 중요성 때문에 북유럽, 이베리아 반도, 이슬람 세계, 동남아시아 그리고 아프리카에서 진행된 새로운 사고의 발전이 너무나 빈번하게 가려지곤 한다. 르네상스의 성격에 대해 보다 전체적인 전망을 제시하는 일에서는, 이러한 지역들 전부에서 일련의 '르네상스들'이 일어났음을, 게다가 각각의 르네상스 모두가 매우 독자적이고 독특한 성격을 갖고 있었음을 언급하는 것이 더 정확할 듯하다. 이러한 르네상스들은 이탈리아를 중심으로 일어난 보다 고전적이고 전통적인 르네상스와 겹치면서 서로 영향을 주고받았다. 르네상스는 놀라울 정도로 국제적이고, 유동적이며, 이동성을 가진 현상이었다.

오늘날 사람들은 '르네상스'라는 용어가 1400년과 1600년 사이 유럽에서 일어난 문화, 정치, 예술, 사회에서의 심오하고 지속적인 격동과 변혁을 지칭한다는 데 대체적으로 동의한다. 따라서 이 용어는 역사 속의 한 시대이자 문화적 쇄신의 이상적인 형태를 가리킨다. 이 용어는 '재탄생'이라는 프랑스어에서 온 말이다. 19세기 이후에는 유럽사의 한 시대를 지칭하는 표현으로 사용되어왔다. 그리스-로마 문화의 지적 · 예술적 가치의 재평가가 오늘날 서구 세계의 많은 사람들을 규정하는 사회 문화적 제도뿐만 아니라 근대적 개인을 낳았다는 것이다.

예술사가들은 르네상스가 일찍이 13세기에 조토나 치마부에의 예술과 더불어 시작되어 16세기 말에 미켈란젤로의 작품, 티치아노 같은 베네치아 예술가들의 작품과 더불어 종료되었다고 보곤 한다. 영미 세계의 문학 연구자들은 이와 매우 상이한 견해를 내놓고 있는데, 스펜서나 셰익스피어, 밀턴의 시와 희곡에서 일어난 16, 17세기 영국 속어 문학의 성장에 초점을 맞추고 있다. 역사가들 역시 1500년에서 1700년경의 세계를 '르네상스'가 아닌 '근대 초'라고 지칭하면서 상이한 접근 방식을 취하고 있다. 이처럼 르네상스의 시기 설정, 심지어는 호칭에서의 차이도 너무나 커서 지금은 용어의 유용성조차 의심받고 있는 상황이다. 도대체 르네상스는 의미를 갖고 있기는 한 것인가? 르네상스를 그것에 선행했던 중세, 그 뒤를 이었던 근대 세계와 구분하는 것이 가능한가? 그것은 유럽의 문화적 우월성에 대한 믿음을 떠받치고 있지는 않은가? 이러한 문제에 대답하기 위해서 우리는 '르네상스'라는 용어 자체가 어떻게 탄생했는지 이해할 필요가 있다.

16세기의 그 누구도 '르네상스'라는 용어를 알지 못했을 것이다. 이탈리아어인 리나시타(*rinascita*, '재탄생')라는 말은 16세기에 고전 문화의 부활을 지칭하기 위해 사용되었을 뿐이다. '르네상스'라는 특정한 프랑스어는 19세기 중반이 되어서야 역사의 한 국면을 설명하는 용어로 사용되기 시작했다. 이 용어를 처음으로 사용한 사람은 프랑스 역사가 쥘 미슐레(Jules Michelet)로서 그는 프랑스 혁명의 평등주의 원칙을 전적으로 지지했던 프랑스 민족주의자였다. 1833년과 1862년 사이에 미슐레는 『프랑스사』라는 여러 권짜리 저서를 출간하는 야심찬 계획을 진행했다. 그는 귀족과 교회 둘 다 소리 높여 비난했던 진보적 공화주의자였다. 1855년에 그는 『프랑스사』 제7권을 '르네상스'라는 부제를 달아 출판했다. 그에게 르네상스는 다음과 같은 의미를 지닌 것이었다.

(…) 세계의 발견과 인간의 발견. 16세기는 (…) 콜럼버스로부터 코페르니쿠스에 이르는, 코페르니쿠스로부터 갈릴레이에 이르는, 지상의 발견으로부터 천상의 발견에 이르는 시기였다. 인간은 스스로를 재발견했다.

콜럼버스, 코페르니쿠스, 그리고 갈릴레이 같은 탐험가들과 사상가들이 이룩한 과학적 발견들은 미슐레가 라블레, 몽테뉴, 셰익스피어의 저작에서 확인한 바 있는, 개인에 대한 보다 철학적인 정의들과 맥을 같이하고 있었다. 반면 이러한 새로운 정신들은 미슐레가 중세의 '괴이하고 괴물 같은' 특질이라고 정의했던 것과는 큰 대조를 이루고 있었다. 그에게 르네상스는 이성, 진리, 예술 그리고 아름다움이라는 높이 평가할 만한 위대한 미덕들을 고무했던 진보적이고 민주적인 상태를 표상했다. 미슐레에 따르면, 르네상스는 본질적으로 '근대와 그 자체로서 동일했다'.

미슐레는 유럽 문화에서 역사적으로 결정적 중요성을 가진 한 시대로서 르네상스를 정의한 최초의 역사가였다. 그에 따르면 이 시대는 중세와 분명히 단절되고 인간과 세계에서의 인간의 위치에 대한 근대적인 사고방식을 만들어냈다. 그는 또한 르네상스를 하나의 특정한 역사적 시대로 바라보는 것을 넘어 어떤 정신 혹은 태도를 대표하는 개념으로 승격시켰다. 그런데 미슐레의 르네상스는 우리가 현재 알고 있는 바와는 달리 14, 15세기 이탈리아에서 시작된 것이 아니라, 16세기에 시작되었다. 프랑스의 민족주의자로서 미슐레는 르네상스를 프랑스적인 현상으로 주장하고 싶어했다. 그는 또한 공화주의자로서 14세기 이탈리아가 교회와 전제주의 정치에 대해 보낸 호의를 매우 비민주적이라고 보았고 따라서 르네상스 정신이라 할 수 없다며 거부했다.

르네상스에 대한 미슐레의 해석은 단연코 19세기 상황의 산물이었다. 사실 미슐레식 르네상스가 갖는 가치들은 미슐레가 소중히 여기는 프랑스 혁명의 그것과 놀라울 정도로 유사해 보인다. 둘 다 자유, 이성, 민주주의의 가치를 꽃피우고, 정치적·종교적 전제정을 거부하고 자유의 정신과 '인간'의 존엄을 숭배했다. 그의 시대에 이러한 가치들이 실패하는 것에 실망한 미슐레는 자유와 평등의 가치가 승리를 거두고 폭압이 사라진 근대 세계를 약속했던 역사적 시대를 찾아 나섰던 것이다.

스위스 역사가의 르네상스 해석

미슐레는 르네상스라는 개념을 발명했다. 그러나 스위스 학자인 야코프 부르크하르트는 르네상스를 15세기 이탈리아적 현상으로 정의했다. 1860년에 부르크하르트는 『이탈리아 르네상스 문화Die Kultur der Renaissance in Italien』를 출간했다. 그는 15세기 이탈리아 정치의 독특한 성격이 근대적인 개인의 탄생을 이끌었다고 주장했다. 고전 고대의 부활, 보다 넓은 세계의 발견, 종교적 불안정성의 확대가 '인간이 정신적으로 **개별적인 존재**가 되었다'는 것을 의미했다. 부르크하르트는 이러한 새로운 발전을 중세를 정의하는 중요한 요소인 자의식의 결핍과 일부러 대조했다. 그에 따르면 중세에 '인간은 종족, 민족, 분파, 가족 혹은 조합의 한 구성원으로서만 스스로를 인식했다'. 달리 말하면 15세기 이전의 사람들에게는 개인적 정체성에 대한 자각이 없었다. 부르크하르트에 따르면, 15세기 이탈리아가 '르네상스인', 즉 그가 '근대 유럽의 자손들 가운데 맨 처음 태어난 자들'이라고 부른 사람들을 탄생시켰다. 이러한 해석의 결과가 현재 르네상스에 대한 가장 친숙한 설명이다. 르네상스는 근대 세계의 탄생지이며, 페트라르카나 알베르티, 레오나르도 다빈치에 의해 만들어졌고, 고전 문화의 부활이라는 특징을 가지며, 16세기 중반에 종결되었다는 것이다.

부르크하르트는 르네상스 예술이나 경제적 변화에 대해서는 거의 설명하지 않았고, 르네상스 시대의 상황을 종교에 대해 회의적인, 심지어는 '비기독교적'인 태도에 가까웠던 것으로 과장했다. 그는 오직 이탈리아에만 초점을 맞추었다. 그는 다른 문화와 관련지어 르네상스를 해석하려는 어떠한 시도도 하지 않았다. 또한 '개성'과 '근대'라는 용어를 그가 어떻게 이해하고 사용했는지가 지극히 모호한 채로 남아 있다. 미슐레처럼, 부르크하르트의 르네상스관은 역사가 자신이 처한 개인적인 조건들에서 비롯된 해석으로 보인다. 부르크하르트는 귀족 출신의 지식인으로서 프로테스탄트적이고 공화주의적인 스위스의 개인주의에 대해 자부심을 갖고 있던 사람이었다. 그는 산업의 발달이 야기한 민주주의의 성장을 예술적 아름다움을 파괴하는 것으로 이해하고 우려했다. 예술과 삶이 하나로 통합되었고, 공화주의의 대의가 옹호되기는 했으나 한계가 분명했고, 종교가 국가에 의해 길들여지던 시대로 그려졌던 르네상스의 모습들은 사실 부르크하르트가 사랑해 마지않던 바젤의 이상화된 모습이었다. 그럼에도 불구하고 르네상스가 근대적인 삶의 기초였다고 주장하는 부르크하르트의 저서는 이후 르네상스 연구에서 가장 중요한 성과물로 자리매김해왔다. 그의 해석은 종종 비판받기는 했어도 완전히 잊히진 않았다.

미슐레와 부르크하르트가 르네상스를 정의하는 특징으로 예술과 개성을 등극시킨 이후, 영국에서는 1873년 월터 페이터(Walter Pater)의 연구서 『르네상스The Renaissance』가 처음 출간되면서 이러한 전통을 이어나갔다. 옥스퍼드 출신의 미학

교수 페이터는 르네상스 연구를 통해 '예술 그 자체에 대한 사랑'을 향한 그의 신념을 설파하고자 했다. 페이터는 르네상스를 정치적·과학적·경제적 측면에서 설명하는 방식을 부적절하다고 여겨 배격하고, 보티첼리나 레오나르도 다빈치, 조르조네 같은 15세기 화가들의 예술 속에서 '당대의 도덕적·종교적 사고에 대한 반발과 반란의 정신'을 읽어냈다. 이 시대의 예술은 페이터가 '감각과 상상의 기쁨'이라고 불렀던 것을 심미적, 쾌락주의적, 심지어는 이교적으로 기념한 것이었다. 페이터는 이르면 12세기부터 늦게는 17세기까지에서 '지성과 상상력 그 자체에 대한 사랑'의 궤적을 찾았다. 많은 사람들이 페이터의 퇴폐적이고 반종교적인 저서에 분개했으나 그의 견해는 수십 년 동안 영어권 사람들의 르네상스에 대한 해석을 만들어냈다.

미슐레, 부르크하르트, 페이터는 르네상스를 역사의 한 시대라기보다는 하나의 **정신**으로 바라보는 19세기식 개념을 만들어냈다. 예술과 문화에서의 성취가 개인에 대한 새로운 태도와 '문명화'라는 것이 무엇을 의미하는지 보여주었다는 것이다. 르네상스를 이런 식으로 정의하는 태도에는 문제가 있는데, 15세기부터 계속된 현상에 대한 정확한 역사적 설명을 제시하기보다 그것을 19세기 유럽 사회의 이상향으로 설명한다는 점에서 그렇다. 이들 연구자들은 제한적인 민주주의, 교회에 대한 회의주의적인 태도, 예술과 문학의 힘, 다른 문명들에 대한 유럽 문명의 승리를 찬양했다. 이러한 가치들은 19세기 유럽 제국주의를 지탱했다. 유럽이 아메리카, 아프리카, 아시아 대륙 전역에 대해 억압적으로 권위를 내세웠던 역사의 한 시대에, 페이터 같은 사람들은 지구의 나머지 지역에 대한 유럽의 지배를 정당화하고 그것의 기원을 제시하는 것처럼 보이는 르네상스에 대한 하나의 상을 만들어내고 있었다.

20세기의 르네상스 해석

20세기 초에는 르네상스에 대한 훨씬 더 이중적인 견해가 출현했다. 부르크하르트에 대한 최초의 도전은 1919년 요한 하위징아(Johan Huizinga)가 『중세의 가을Herfsttij der Middeleeuwen』을 출간하면서 시작되었다. 하위징아는 북유럽 문화와 사회가 이전의 르네상스 해석에서 어떻게 무시되었는지를 분석했다. 그리고 '중세'와 '르네상스'라는 부르크하르트식 시대 구분에 도전했다. 그에 따르면 부르크하르트가 '르네상스'라고 정의했던 양식과 태도는 사실 중세의 정신이 시들어가거나 쇠퇴하는 단계에 불과했다. 하위징아는 15세기 플랑드르 화가인 얀 반에이크의 예를 들었다.

형태 면에서나 아이디어 면에서나 그것은 저물어가는 중세의 산물이었다. 몇몇 예술사가들이 예술 속에서 르네상스적인 요소들을 발견해왔다면, 이는 그들이 사실주의와 르네상스를 혼동하는 오류를 범했기 때문이다. 이제 자연의 모든 세부적인 것들을 정확하게 설명하려는 열망, 즉 이러한 세심한 사실주의가 소멸해가는 중세 정신의 독특한 특징이라고 말해야 한다.

하위징아에 따르면 반에이크의 그림 속에 나타나는 세심한 시각적 사실주의는 강렬한 예술적 표현으로 대변되는 르네상스 시대의 시작을 의미하지 않았다. 그것은 중세 전통의 마지막 모습이었다. 하위징아는 '르네상스'라는 용어의 사용을 거부하지는 않았지만, 르네상스 시대의 거의 모든 요소들이 중세에서 유래했다고 보았다. 19세기에 활동했던 선배 역사가들이 그토록 찬양한 르네상스의 이상형에 대해 하위징아는 매우 비관적인 설명을 내놓았다. 그리고 유럽 개인주의와 '문명'의 우월성의 만발로 르네상스를 설명하려는 어떤 욕구도 찾아볼 수 없었다. 이 책이 제1차 세계대전 중에 저술되었다는 점을 감안한다면 그것은 별로 놀랄 일도 아니다.

20세기 중반에는 전체주의의 등장으로 르네상스 인문주의의 인문학적이고 철학적인 가치들의 기반이 흔들릴 위험에 처하자 중부 유럽의 지식인 이민자 집단을 중심으로 르네상스에 대한 깊이 있는 재평가 작업이 진행되었다. 폴 오스카 크리스텔러(Paul Oskar Kristeller), 한스 바론(Hans Baron), 에르빈 파노프스키(Erwin Panofsky)는 1930년대에 파시즘이 부상하면서 독일을 떠나 미국으로 망명했다. 르네상스에 대한 이들의 저작들은 이러한 사건들로부터 깊은 영향을 받았고 르네상스에 대한 당대의 연구에 계속 영향을 미쳤다.

한스 바론은 『초기 이탈리아 르네상스의 위기The Crisis of the Early Italian Renaissance』(1955)에서 르네상스 인문주의를 정의하는 요소들 가운데 하나가 제2차 밀라노 전쟁(1397~1402)의 결과 피렌체에서 출현했다고 보았다. 바론에 따르면 밀라노 공작인 지안 갈레아초 비스콘티가 1402년 피렌체를 공격할 준비를 하던 때가 근대 역사에서 통일을 위한 정복 전쟁의 움직임이 어렴풋이 일어나던 때 발생한 사건들과 유사했다. 한스 바론은 지안 갈레아초 비스콘티를 나폴레옹 및 히틀러와 비교하면서 그러한 근대사적 사건들과의 비교가 '1402년 여름의 위기'를 이해하고, '르네상스 시대의 정치사, 특히 피렌체의 시민 의식의 성장에서 이 위기가 갖는 물질적·심리적 중요성을 파악'하는 데 도움을 줄 것이라고 주장했다. 지안 갈레아초 비스콘티는 1402년 9월 흑사병으로 쓰러졌고, 피렌체는 살아남았다. 바론은 봉건적인 전제군주정에 대한 시민 공화국의 승리로 설명할 수 있는 이 사건에서 가장 위대한 영웅은 학자이자 정치가인 레오나르도 브루니라고 보았다. 한스 바론에 따르면, 『피렌체 찬가』와 『피렌체인의 역사』에서 브루니는 '정치 참여와 공직 생활에 대한 새로운 철학'을 표명했고, 이를 '학자적인 은둔이라는 이상과 대비했다'. '사회와 국가의 성원으로 한 사람을 교육하는 데 헌신하는 것', 그리고 메디치 시대의 피렌체를 대표한다고 여겨지는 공화주의적 미덕을 함양하는 것, 바로 이것이 바론의 시민적 인문주의의 정의다.

바론의 주장은 유럽이 정치적 전체주의의 등장으로 위협받던 시대에 인문학자의 역할이 무엇이어야 하는지에 대한 매력적인 답변이었고, 피렌체와 메디치 가문을 르네상스의 핵심 기원으로 만드는 데 결정적인 역할을 했다. 그러나 그의 주장은 또한 브루니의 인문주의와 피렌체의 공화주의를 이상화했다. 폴 오스카 크리스텔러는 바론과 상이한 입장을 취했다. 크리스텔러에게 고전 세계와 기독교 세계의 새로운 융합을 분명히 한 것은 피렌체의 인문학자 마르실리오 피치노의 사색적 철학, 특히 그의 『플라톤 신학』(1469년과 1473년 사이에 저술됨)이었다. 크리스텔러는 피치노의 혁신이 다음과 같은 믿음에 있다고 보았다.

> 이제 철학은 종교에서 벗어나 자유로워졌고 그것과 동등해졌다. 그렇다고 해도 철학은 종교와 갈등을 일으킬 수도 없고 그래서

도 안 된다. 왜냐하면 철학과 종교는 그 기원과 내용이 동일하므로 조화가 보장되기 때문이다. 의심의 여지 없이 바로 이러한 개념들 가운데 하나를 가지고 피치노는 미래를 향한 길을 가리켰을 것이다.

피치노의 플라톤주의는 철학, 종교 그리고 국가 사이의 긴장 관계를 주의 깊게 조정했다. 이러한 관계들이 특히 1930년대와 40년대 유럽에서 위험에 빠졌고, 그렇기 때문에 크리스텔러가 피치노를 연구하게 되었다.

제2차 세계대전 그리고 1960년대의 사회적·정치적 격동, 특히 인문학의 정치화와 페미니즘의 등장을 거치면서 르네상스에 대한 평가가 다시 한번 크게 바뀌었다. 그 가운데 특별히 영향력 있는 연구 성과물이 미국에서 나왔다. 1980년 문학 연구가인 스티븐 그린블랫이 『르네상스 시대의 자기 연출: 토마스 모어에서 셰익스피어까지Renaissance Self-Fashioning: From More to Shakespeare』를 출간했다. 이 책은 근대인이 탄생했다고 본다는 점에서 기본적으로 르네상스에 대한 부르크하르트의 해석을 따르고 있다. 정신분석학, 인류학, 사회사의 성과물들을 종합적으로 분석한 그린블랫은 16세기에 '인간으로서의 정체성 확립에 관한 자의식의 증대'가 목격된다고 주장했다. 남성들은 (그리고 때로는 여성들도) 자신의 사회적 조건에 맞게 자신의 정체성을 다듬는, 즉 '연출하는' 법을 배우게 되었다. 부르크하르트와 마찬가지로 그린블랫은 이것을 특별히 근대적인 현상의 시작으로 보았다. 그린블랫이 보기에 16세기 영국의 위대한 저술가들—에드먼드 스펜서, 크리스토퍼 말로, 윌리엄 셰익스피어—의 문학은 자기 자신의 정체성을 계속 돌이켜보고 다듬어나가는 파우스트나 햄릿 같은 가상의 인물들을 창조해냈다. 이러한 점에서 그들은 근대인으로 보이는 최초의 사람들이다. 그린블랫이 자기연출의 이론을 소개하기 위해 사용한 작품이 다름 아닌 한스 홀바인의 〈대사들〉이었다.

그린블랫은 르네상스 시대에 '인간이 그 자체로서 유난히 자유롭지 못한, 어떤 특정 사회에서 벌어지는 권력 관계의 이데올로기적 산물처럼 보이기 시작'했다고 결론지었다. 미국인으로서 저술 활동을 하면서 그린블랫은 르네상스의 성취에 대해 감탄해 마지않으면서, 16세기 내내 진행된 신세계의 식민화와 반유대주의라는 르네상스 시대의 어두운 측면에 대해서도 근심을 거두지 않았다.

그린블랫이 저서 제목으로 사용하기는 했지만, 이제 그와 동료 연구자들은 르네상스를 설명할 때 '근대 초'라는 표현을 사용하기 시작했다. 이 용어는 사회사에서 온 것으로 미슐레와 부르크하르트의 이상적인 설명보다 좀더 회의적인 르네상스와 근대 세계의 관계를 제시한다. 이 용어는 또한 르네상스라는 개념을 19세기 저자들이 제안했던 문화적 '정신'으로 보기보다는 역사 속의 한 시대로 강조한다. 그러나 '근대 초'라는 용어는 1400년과 1600년 사이에 일어났던 일이 근대 세계에 큰 영향을 미쳤다는 것을 여전히 암시하고 있다. 따라서 '근대 초'라는 용어는 르네상스 자체가 고전시대를 어떻게 되돌아보았느냐에 초점을 맞추는 대신, 그 시대가 우리의 근대 세계를 예시(豫示)하는 미래 지향적인 면모를 갖추고 있었음을 상정한다.

근대 초라는 개념은 또한 이전까지는 르네상스와 어울린다고 생각되지 않았던 주제들과 소재들을 탐구하는 계기를 만들어주었다. 그린블랫 그리고 『근대 초 프랑스의 사회와 문화 Society and Culture in Early Modern France』(1975)의 저자 나탈리 제먼 데이비스 같은 학자들은 농민들, 수공업자들, 복장도착자들, 그리고 '고분고분하지 않은' 여성들의 사회적 역할을 탐구했다. 인류학, 문학, 역사 같은 지식 분야들이 상대 분야의 이론적 성찰들을 배워나가면서 배제된 집단들, 주변화된 사물들에 대한 연구를 늘려갔다. 르네상스에서 경시되었거나 잊힌 목소리들을 복원해야 한다는 비판이 제기되면서, '마녀', '유대인', '흑인'과 같은 범주의 집단들이 새로이 면밀한 검토의 대상이 되었다.

그린블랫과 제먼 데이비스 같은 비판적 연구자들은 또한 20

세기 말의 철학적 · 이론적 시류, 특히 후기 구조주의와 포스트모더니즘의 영향을 받았다. 이러한 사조들은 르네상스로부터 계몽주의 그리고 근대로 이어지는 역사적 변화의 '대서사'에 대해 회의적이다. 테오도어 아도르노, 미셸 푸코 같은 다양한 사상가들은 르네상스 시대에서 기원했다고 규정되는 인문학적 · 문명적 가치들이 나치즘, 스탈린주의, 홀로코스트나 소비에트 강제수용소의 참상에 대해 어떠한 답변도 하지 못했음은 물론이고 심지어는 그에 일조했다고 주장했다. 그 결과 20세기 말의 사상가들은 어느 누구도 르네상스의 위대한 문화적 · 철학적 성취들을 찬양하지 않았다. 대신 많은 역사가들은 훨씬 더 지역적인 수준에서 현상들을 분석하기 시작했다.

마찬가지로 일상적 삶에 의미 있는 것이었지만 그후 잃어버렸거나 파괴된 일상의 사물들이 새로이 중요성을 인정받았다. 다양한 분야의 연구자들은 그림, 조각, 건축물 대신 가구, 음식, 의복, 도자기 그리고 그 외의 명백히 일상적인 물건들의 물질적 중요성이 어떻게 르네상스 세계를 구성했는지 조사하기 시작했다. 이러한 연구 방법은 르네상스와 근대 세계의 유사성을 조사하는 것이 아니라 격차를 보여주기 위한 것이다. 부르크하르트가 '근대'인을 찬양하면서 입증하려 했던 것처럼 이러한 물건들과 그것의 개체적 특성은 고정되어 있거나 불변하지 않았다. 그것들은 유동적이고 상황에 따라 달라질 수 있었다.

21세기에도 여전히 르네상스의 유산은 논란거리로 남아 있다. 2001년 9월 미국에 대한 테러 공격 이후로 르네상스가 서양 인문학의 우월적 가치들의 세계적 승리를 대변했다는 주장은 설자리를 잃어버렸다. 그보다는 동양과 서양의 문명 간 충돌이라는 수사가 중요한 화두가 되었다. 그러나 다음 장에서 살펴볼 것처럼, 르네상스의 기원은 이러한 주장이 제시하는 것보다 문화적으로 훨씬 더 혼합되어 있었고, 그것의 영향 역시 유럽의 경계를 훌쩍 뛰어넘어 퍼져나갔다.

제 1 장

세계적 르네상스

르네상스에 대한 고전적 정의들이 가진 문제점 가운데 하나는 다른 문명을 배제한 채 유럽 문명의 성취를 평가한다는 것이다. 르네상스라는 용어의 발명을 목격했던 시대가 유럽이 전 세계에 대한 제국주의적 지배를 가장 공격적으로 주장했던 순간이었다는 것은 우연의 일치가 아니다. 최근 역사, 경제, 인류학 분야에서 르네상스에 대한 대안적 접근을 시도하면서 르네상스는 복잡한 문제가 되어갔고, 미슐레나 부르크하르트 같은 19세기 사상가들에 의해 관련 없는 것으로 버려졌던 여러 요소들이 르네상스를 이해하기 위한 핵심 사항으로 떠올랐다. 이 장에서는 르네상스를 보다 광범위한 국제적 맥락에 위치시킬 것이다. 그리고 무역, 금융, 상품, 후원, 국가 간 충돌, 다양한 문화들 사이의 교류 모두가 르네상스의 핵심 요소들이라고 주장할 것이다. 이러한 문제들에 초점을 맞춤으로써 르네상스를 가능하게 만든 것들을 다르게 이해할 수 있을 것이다. 또한 회화, 저서, 조각, 건축에 국한되지 않는 르네상스의 창의성에 관해 생각해볼 수도 있을 것이다. 도자기, 직물, 금속세공품, 가구 같은 공예품도 사람들의 믿음과 태도를 형성했기 때문이다. 이러한 물건들 가운데 상당수가 르네상스 이후 버려지고, 파괴되고, 분실되었지만 말이다.

이러한 많은 쟁점들을 제기하는 르네상스 작품은 젠틸레 벨리니와 조반니 벨리니의 걸작 〈알렉산드리아에서 설교하는 성 마르코〉이다. 이 그림은 밀라노 미술관이 소장한 르네상스 컬렉션 가운데 가장 중요한 위치를 차지하고 있다. 벨리니 형제의 작품은 알렉산드리아에 기독교 교회를 세운 성 마르코의 모습을 그렸다. 성 마르코는 서기 75년 그곳에서 순교했고 베네치아의 수호성인이 되었다. 작품 속에서 마르코는 설교단에 서서 흰 천으로 몸을 감싼 동방 여인들을 향해 설교하고 있다. 성 마르코 뒤쪽으로는 베네치아의 귀족들이 줄지어 서 있고, 성자의 앞쪽으로는 동방의 인물들이 보다 많은 수의 유럽인들과 뒤섞이는 보기 드문 모습으로 서 있다. 동방인들에는 이집트 맘루크, 북아프리카 '무어인', 오스만인, 페르시아인, 이집트인, 타르타르인 등이 포함되어 있다.

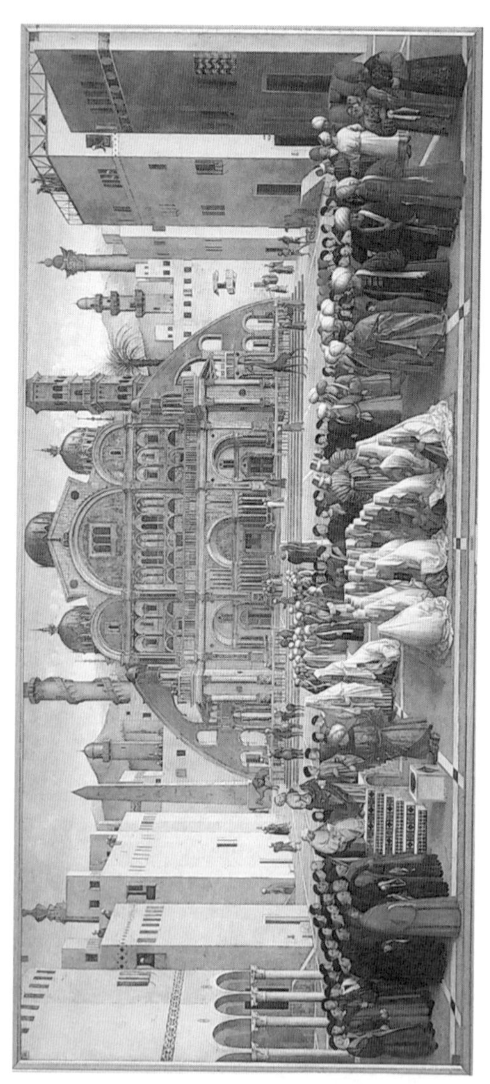

2. 젠틸레 벨리니와 조반니 벨리니의 〈알렉산드리아에서 설교하는 성 마르코〉(1504~7). 이 작품은 동방의 문화와 건축, 그리고 도시에 매료된 유럽의 모습을 포착했다.

이 극적인 장면은 작품을 가로로 3등분했을 때 맨 아래 부분에서 펼쳐지고 있다. 캔버스의 나머지 부분은 알렉산드리아의 인상적인 풍경이 차지하고 있다. 반구형의 돔 지붕을 얹은 비잔틴 양식의 바실리카가 작품의 배경화면을 지배하고 있는데, 이는 재건된 마르코 성자의 알렉산드리아 대성당을 상상적으로 표현한 것이다. 광장에서는 동방인들이 말 등에 타고 있거나, 낙타와 기린을 끌면서 서로 대화를 나누고 있다. 광장에 면한 집들은 이집트식 창살과 타일로 장식되어 있고, 이슬람식 카펫과 덮개가 창가에 늘어져 있다. 뾰족탑과 원기둥 그리고 높은 건물 기둥들이 만들어내는 마천루의 모습은 알렉산드리아의 대표적 건물들에 벨리니 형제의 창의력이 합쳐진 결과였다. 대성당은 베네치아 산마르코 교회와 콘스탄티노플에 있는 아야소피아의 모습들을 절충해서 합쳐놓은 것이다. 멀리 있는 탑들과 높은 기둥들은 알렉산드리아의 유명한 랜드마크인데, 이 건축물들 중 많은 수가 이미 베네치아의 건축물에서 모방되고 있었다.

언뜻 이 그림은 '무신론자' 집단에 설교하는 기독교 성인의 성스러운 이미지를 르네상스 사상가들과 예술가들이 소중히 여기는 고전 세계를 끌어들여 표현하는 것처럼 보인다. 그러나 이는 이야기의 한 측면일 뿐이다. 마르코 성자는 고대 로마인처럼 옷을 입었고 1세기 알렉산드리아에 살고 있는 것처럼 그려졌다. 그런데 청중들의 의복은 분명히 15세기 말의 복장이며, 주위의 건물들도 그러하다. 벨리니 형제는 서방 교회와 동양의 바자(bazar) 둘 다를 연상시키는 장면을 배경으로 여러 공동체들과 문화들이 뒤섞여 있는 모습을 그려냈다. 이 그림은 두 세계, 즉 고전 세계와 15, 16세기 세계의 혼합물이다. 화가들은 1세기 알렉산드리아의 모습과 성 마르코의 삶을 떠올리면서 베네치아와 15세기 후반 당대 알렉산드리아의 관계를 묘사하는 데 열중하고 있기 때문이다. 베네치아 수호성인의 역사 이야기를 그려달라는 의뢰를 받았던 그들은 성 마르코의 모습을 부유하고 영향력 있는 많은 베네치아인들이 알아볼 수 있는 풍경을 배경으로 그려냈다. 이것이 바로 르네상스 예술과 문학의 널리 알려진 특징이다. 현재를 이해하기 위한 한 방법으로서 현재의 세계에 과거의 의상을 입히는 것이다.

서양, 동양을 만나다

벨리니 형제는 르네상스 유럽의 동쪽으로 펼쳐진 세계가 갖고 있던 신화적 이미지와 실제 모습 둘 다에 매료되어 있었다. 그들의 작품은 동방 세계의 독특한 성격, 특히 베네치아의 오랜 무역 파트너였던 아랍 지배하의 알렉산드리아가 갖고 있는 관습, 건축, 문화에 관심을 보였다. 벨리니 형제는 이집트 맘루크, 오스만인, 페르시아인을 야만인이라 부르며 외면하지 않았다. 오히려 그들은 이 문화들이 유럽 도시국가들이 소망하는 많은 것들을 가졌음을 명확하게 인식하고 있었다. 거기에는 동방의 진귀한 상품들, 기술 · 과학 · 예술 지식, 사업 기술이 포함되어 있었다. 〈알렉산드리아의 성 마르코〉라는 이 그림은 유럽 르네상스가 동방과의 대비가 아니라, 사상과 물질의 광범하고 복합적인 교환을 통해서 스스로를 정의하기 시작했음을 보여주었다.

벨리니와 동시대에 살았던 베네치아인들은 자신들이 그러한 교류에 의존하고 있다는 사실에 대해 숨김이 없었다. 베네치아는 무역 중개인으로서 동방 바자로부터 상품을 수입할 수 있고 북유럽 시장으로 그것들을 수송할 수 있는 완벽한 위치에 있었다. 벨리니 형제가 성 마르코에 대한 작품을 완성하던 그 시기에 저술 활동을 하고 있던 피에트로 카솔라라는 수사 신부는 동방에서 온 상품의 흐름이 베네치아에 끼친 영향을 다음과 같이 기록하며 감격스러워했다.

> 실제로 전 세계가 이곳으로 몰려드는 듯하다. 이곳 사람들은 상품 거래에 전력을 기울인다. 여기서 사람들은 온갖 상품들을 풍부하게 구비한 많은 가게들을 만날 수 있다. 흡사 창고 같을 정도다. 태피스트리, 수를 놓은 양단, 온갖 종류의 걸개들, 다양한

종류의 카펫, 온갖 색상과 질감의 낙타지(駱駝地), 모든 종류의 실크를 만날 수 있고, 향신료와 잡화, 약재, 너무도 아름다운 밀랍 등이 거기 있다. 이런 물건들이 구경꾼들의 혼을 빼놓는다.

이러한 상품들의 동서 교역은 수 세기 동안 지중해에서 이루어져왔다. 그러나 무역량이 증가했던 것은 십자군 전쟁이 끝나면서였다. 14세기부터 베네치아는 홍해와 인도양 무역의 종착지인 알렉산드리아에서의 무역을 장악하기 위해 제노바와 피렌체 같은 경쟁자들과 겨뤄야 했다. 베네치아와 제노바는 알렉산드리아, 다마스쿠스, 알레포, 심지어는 더 멀리 떨어진 곳에까지 무역소를 세우고 대표부를 두었다. 유럽은 직물, 목재, 유리 제품, 비누, 종이, 구리, 소금, 견직물, 금같이 부피가 많이 나가는 상품들을 주로 수출했고, 사치품과 값비싼 물건들을 수입하는 경향이 있었다. 수입품으로는 향신료(후추, 육두구, 정향과 계피), 면화, 견직물, 공단, 벨벳, 카펫부터 아편, 튤립, 백단향, 도자기, 말, 대황, 보석용 원석, 게다가 직물 산업과 회화 작품에 사용되는 색감 좋은 염료에 이르기까지 다양했다.

베네치아에서 런던에 이르기까지 이 도시들의 문화와 소비에 미친 동방 상품의 영향은 점진적이었으나 심대했다. 음식부터 회화에 이르는 삶의 모든 영역이 영향을 받았다. 국내 경제가 이색적인 상품들의 홍수 속에서 변화하자 예술과 문화도 달라졌다. 벨리니 형제 같은 화가들의 팔레트는 동방으로부터 베네치아를 통해 수입된 청금석, 버밀리언, 진사(辰沙) 같은 안료들이 추가되면서 풍부해졌고, 르네상스 회화 작품을 광석 특유의 화사한 청색과 붉은색으로 빛낼 수 있었다. '성 마르코' 그림이 견직물, 벨벳, 모슬린, 면직, 타일, 카펫, 가축을 재현하면서 보여준 묘사의 섬세함은 벨리니 형제가 동방과의 이러한 교역이 세계의 경치와 향기, 맛을 얼마나 많이 변화시켰는지 명확하게 인식하고 있었음을 알려주고, 그것들을 재현하는 예술가의 역량을 확인시켜주었다.

카이로, 알레포, 다마스쿠스에 있는 동방의 바자들은 르네상스 시대 베네치아 건축물에 영향을 미쳤다. 베네치아 예술사가인 주세페 피오코는 베네치아를 '거대한 동방의 바자'라고 표현한 바 있고, 더 최근에 여러 건축사가들은 도시의 많은 특징들이 동방의 디자인과 장식을 직접적으로 모방하는 데서 비롯되었다고 지적했다. 주요 대로를 따라 평행하게 건물들이 줄지어 늘어선 리알토 시장은 시리아의 무역 중심지인 알레포의 외관과 놀라울 정도로 유사하다. 도제궁과 팔라초 두칼레의 창문, 아치형 구조물, 장식적인 외관은 베네치아인들이 수 세기 동안 무역을 해온 카이로, 아크레, 타브리즈 같은 도시들의 모스크, 바자, 궁전을 모방한 것이다. 베네치아는 전형적인 르네상스 도시다. 단지 상업과 미학적 화려함의 결합이라는 측면에서만 그러한 것이 아니라, 동방 문화에 대한 경의와 모방 면에서도 그러했다.

상업 기술의 발달과 상인 은행가의 등장

르네상스의 한 가지 특징은 부를 표현하는 새로운 방식의 등장과 그와 관련된 사치품의 소비였다. 경제사와 정치사 전공자들은 14세기부터 계속된 수요와 소비에서의 이러한 변화의 원인들에 관해 격론을 벌인 바 있다. 사실 르네상스 정신의 개화에 대한 설명과 14, 15세기가 심각한 경제적 침체를 경험했다는 일반적인 설명은 이상하게도 어긋난다. 이 시기에는 가격이 하락하고 임금이 폭락했던 것이다. 1348년 흑사병 유행의 영향은 이러한 문제들을 더욱 부각했다. 그러나 만연한 질병과 죽음은 전쟁과 마찬가지로 결과적으로 급격한 사회적 변화와 격동을 낳는다. 흑사병 이후의 유럽이 그런 경우였다. 질병뿐만 아니라 전쟁도 이 지역을 황폐화했다. 에스파냐와 북아프리카에서 벌어진 이슬람교도와 기독교도 사이의 갈등(1291~1341), 제노바-베네치아 전쟁(1291~9, 1350~5, 1375~81), 그리고 북유럽을 강타한 백년전쟁이 무역과 농업에 막대한 지장을 주었고, 인플레이션과 디플레이션을 번갈아가며 일으켰다. 이 모든 죽음, 질병, 전쟁의 결과들 가운데 하나는 도시로의 집중, 소수 부유한 엘리트에 의한 부의 축적이었다.

역사의 거의 대부분의 시대에 그랬듯이 한편에서 침체와 쇠퇴를 경험하면 다른 편에서는 기회와 부를 얻는다. 베네치아 같은 국가들은 사치품에 대한 늘어나는 수요를 이용했고 더 많은 양의 상품을 수송할 수 있는 새로운 방법들을 개발했다. 구식 갤리선들, 협소한 노도선(櫓棹船)들은 점차 무겁고, 바닥이 둥글고, 돛대가 달린 배, 즉 코그선으로 대체되었고, 이 배들이 북유럽 항구들 사이를 오가며 목재, 곡물, 소금, 생선, 철같이 부피가 큰 화물들을 수송했다. 이런 코그선들은 300배럴(1배럴은 900리터다) 이상, 즉 구식 갤리선이 수송할 수 있는 양의 세 배 이상을 운반할 수 있었다. 15세기 말에 이르러서는 세 개의 돛대를 단 '캐러벨'이 개발되었다. 아랍 선박 디자인을 기초로 제작된 이 배는 상품을 400배럴까지 실을 수 있었고 속도도 코그선보다 상당히 빨랐다.

상품 유통의 양과 속도가 증가하면서 사업 거래 방식도 달라졌다. 국제 거래에서 필수품 및 사치품의 수입과 수출의 균형을 맞추고 채무, 수익, 이자율을 계산하는 것이 얼마나 복잡한 문제인지 오늘날 우리는 너무나 잘 알고 있다. 르네상스가 종종 근대 자본주의의 발상지로 언급되는 이유도 쉽게 이해할 수 있을 정도다. 유럽의 기독교 상인들은 동방의 진기한 물건들을 거래했던 것처럼, 북아프리카, 중동, 페르시아 전역에 걸친 교역 중심지들과 바자를 접하면서 아랍과 이슬람의 사업 방식도 채택하게 되었다.

피보나치라는 이름으로 잘 알려진 레오나르도 피잔이라는 13세기 피사 상인은 상거래를 통해 수익과 손실을 계산하는 아랍식 계산법을 접하고 인도-아랍 숫자를 유럽 상업에 도입했다. 피보나치는 '0'부터 '9'까지의 인도-아랍 숫자의 속성과 소수점의 사용 방법을 소개했다. 그리고 덧셈, 뺄셈, 곱셈, 나눗셈을 해야 하는 실무적인 상업 문제들, 무게와 부피의 측정, 물물교환, 이자의 부과, 환전 계산에 인도-아랍 숫자를 어떻게 적용할 수 있는지 설명했다. 이런 방식이 옛날부터 오늘날까지 쭉 이어져온 것처럼 보이겠지만, 사실 덧셈(+), 뺄셈(-), 곱셈(×) 연산 기호는 15세기 전까지는 유럽에 알려져 있지 않았음을 기억할 필요가 있다.

피보나치가 차용한 이러한 아랍의 상업 관행은 일찍이 아랍 세계에서 발달한 수학과 기하학에 근거하고 있었다. 예를 들면, 대수학의 기본 원칙들은 복원을 뜻하는 아랍어 알자브르(al-jabr)에서 나왔다. 825년경 페르시아 천문학자 무하마드 이븐 무사 알 콰리즈미는 10진법의 자릿수 체계라는 산술 규칙을 포괄하는 수학책을 한 권 썼다. 이 책의 제목은 『복원과 대비의 계산법Kitāb al-jabr wa'l-muqābala』이었다. 그의 라틴어식 이름에서 나온 알고리즘은 근대 수학의 초석이 되어 이 분야 연구의 발전을 위한 기초를 제공했다.

피보나치의 새로운 방법들은 베네치아, 피렌체, 제노바 같은 무역 도시들에서 받아들여졌다. 그들은 점점 더 복잡해지고 국제화되어가는 상거래를 기록하는 새로운 방법들이 필요하다는 사실을 알게 되었다. 상품은 금과 은으로 지불되는 것이 보통이었으나, 판매량이 증가하고 두 사람 이상이 거래에 개입하게 되면서 새로운 거래 방식이 요구되었다. 가장 중요한 혁신 가운데 하나는 최초의 지폐라고 할 수 있는 환어음이었다. 환어음은 근대에 사용되는 수표(cheque)의 전신으로 중세 아랍어 사크(sakk)에서 유래했다. 수표를 쓸 때 우리는 우리의 은행 신용도를 이용하는 것이다. 수표의 소지자가 수표를 제시하면 은행은 그에게 대금을 지불해줄 것이다. 이와 비슷하게 14세기 상인도 상품을 인수하면서 환어음을 가지고 대금을 지불할 수 있다. 이 환어음은 대(大)상인 가문이 발행한 것인데, 이 가문은 미래의 정해진 어느 날에 혹은 상품이 배송될 때 수표가 제시되면 이 환어음을 정산할 것이다. 어음 거래를 보증했던 상인 가문들은 머지않아 은행가로 변모했다. 은행가로 변신한 상인들은 환어음이 변제되는 데 걸리는 시간의 길이에 따라 이자를 부과하는 방식으로, 그리고 환어음의 환전 수수료를 조작하는 방식으로 환어음 거래에서 돈을 벌었다.

중세 교회는 채무에 대한 이자 부과를 고리대금으로 규정하고 이를 계속 금지했다. 기독교와 이슬람교 모두 교리상 이자 대부를 비난했다. 그러나 실제로는 두 문화 모두 허점들을 가지고 있었고, 이를 이용하여 상인들은 금전상의 이익을 극대화할 수 있었다. 상인 은행가들은 명시적으로 특정 통화로 돈을 빌려주고 그것을 다른 통화로 회수하는 식으로 이자 부과를 숨길 수 있었다. 이러한 과정에서 환율이 유리해지면 상인 은행가가 원금의 액수에 따라 이익을 볼 수 있었다. 은행가는 여러 상인들로부터 예치금을 받았고, 이를 바탕으로 충분한 신용을 쌓음으로써 다른 상인들이 자신들이 발행한 환어음을 온전한 형태의 화폐로 받아들이도록 했다. 또다른 방법은 유대인 상인들을 고용하여 신용 거래를 맡게 하고, 두 종교 공동체 사이에서 거래를 중재하도록 하는 것이었다. 그 이유는 간단한데, 유대인들은 고리대금에 대한 어떠한 공식적인 종교적 금지 조치의 규제도 받지 않기 때문이었다. 이러한 역사적인 우연으로부터 유대인들에 대한 반유대주의적 고정관념이 나타났고, 국제 금융에 대한 그들의 이른바 자질이라는 것이 시작되었다. 이것이야말로 바로 기독교와 이슬람교의 위선이 만들어낸 직접적인 결과물이었다.

상인 은행가들의 늘어나는 부와 위상은 유럽 르네상스의 특징인 정치적 권력과 예술적 혁신의 토대였다. 15세기 내내 피렌체의 정치와 문화를 지배했던 메디치 가문은 상인 은행가로 부유해진 집안이었다. 1397년 조반니 디 비치 데 메디치가 피렌체에 메디치 은행을 설립했다. 이 은행은 곧 복식부기와 회계, 예치와 이체라는 은행 업무, 해상보험, 환어음의 유통 기술을 완벽하게 구사했다. 교황의 자금을 유럽 전역으로 운반하는 일을 수행하면서 메디치 은행은 '신의 은행가'가 되었다. 1429년에 이르면 인문주의자이자 피렌체 서기관이었던 포조 브라촐리니는 '돈은 국가를 유지하는 힘줄로서 꼭 필요하고', '공공의 안녕과 도시 생활 둘 다를 위해 매우 이로운 것'이라고 말했다. 도시에 대한 무역과 상업의 영향을 살펴보면서 그는 '우리 시대에 건설된 많은 근사한 저택, 기품 있는 시골 별장, 교회, 우뚝 솟은 돌기둥과 병원'을 극찬하고 이런 건물들이 메디치 가문이 벌어들인 자금으로 건설되었음을 강조했다.

동양, 서양을 만나다

국제교역과 새로운 금융 관행들이 14, 15세기 내내 사람들이 무엇을 만들지와 소비할지를 결정했다. 1453년 영국과 프랑스의 백년전쟁이 끝났다. 평화의 한 결과로 북유럽과 남유럽 사이의 교역이 늘어났다. 1453년 유럽의 또다른 끝에서도 마찬가지로 중요한 사건이 일어났다. 이 해에 이슬람교의 오스만 제국이 드디어 콘스탄티노플을 점령했다. 오스만에 의한 콘스탄티노플 함락은 국제적 정치권력의 중대한 이동을 나타낸다. 오스만 제국은 이제 유럽의 가장 강력한 제국들 가운데 하나로 자리매김하게 되었으며, 장차 르네상스의 예술과 문화를 만들어나가는 주체로 등장했다.

1453년 봄 10만 명이 넘는 군대가 콘스탄티노플을 포위하고, 5월에는 술탄 메흐메트 2세가 도시를 함락했다. 비잔틴 제국의 수도였던 콘스탄티노플은 고전시대의 로마 세계와 15세기 이탈리아를 잇는 최후의 연결고리들 가운데 하나였다. 콘스탄티노플이 고전 문화에 관한 많은 지식을 회복하는 데 도움을 줄 전달자의 역할을 하게 되었는데, 이렇게 된 데는 초기에 술탄 메흐메트의 공이 컸다. 이탈리아 위정자들의 정치적 야망과 문화적 취향에 친근한 매력을 느낀 술탄은 이탈리아 인문주의자들을 고용했다. 이들은 '술탄에게 매일 라에르티오스, 헤로도토스, 리비우스, 퀸투스 쿠르티우스 같은 고대 역사가들의 책과, 여러 교황들과 롬바르디아 왕들의 연대기를 읽어주었다'. 르네상스가 고전적 이상의 재탄생을 뜻한다면, 메흐메트는 이 이상의 추종자들 가운데 한 사람이었다. 이스탄불 톱카프 궁전에 남아 있는 그의 서가에는 이탈리아 메디치 가문과 스포르차 가문이 가지고 있던 것보다 훨씬 더 많은 서적들이 꽂혀 있는데, 프톨레마이오스의 『지리학』, 호메로스의 『일리아드』, 그 외에 그리스어, 히브리어, 아랍어로 된 서적들도 있었다. 그는 자신이 이뤄낸 제국과 알렉산드로스 대왕의 제국을 비교했고, 스스로를 로마를 정복하고 성서로부터 나온 세 개의 종교—기독교, 이슬람교, 유대교—를 통일할 능력을 가진 새로운 황제라고 믿었다.

제국적 권력을 열망하던 다른 많은 르네상스 지도자들과 마찬가지로 메흐메트는 스스로 절대적인 정치적 권위를 가졌다고 주장하면서 이를 확대하기 위해 지식, 예술, 건축을 이용했다. 술탄은 야심찬 도시 건설 계획에 착수했다. 유대인과 기독교인 상인들 그리고 수공업자들을 유치하여 도시를 다시 번성하게 하고, 국제 교역 도시로서의 명성을 되찾게 해줄 대규모 바자를 세우고, 도시의 이름을 이스탄불로 개칭하는 것이 그 내용이었다. 또한 아야소피아 교회를 개조하여 도시 제1의 회교 사원으로 바꾸고, 동시에 이탈리아 건축가들을 고용하여 그의 새로운 황궁이 될 톱카프 궁전 건설에 참여하게 했다. 고전시대의 양식과 이슬람 양식, 당대 이탈리아 양식을 모두 합친 새로운 국제적 건축 양식에 따라 궁전이 건설되었다. 어느 오스만인은 이를 두고 '외관, 규모, 비용, 우아함 면에서 예전의 그 어느 궁전보다 더 경이롭고 뛰어난 궁전'이 될 것이라고 예찬했다. 국제적인 르네상스 스타일은 이슬람교도들과 기독교인들 양측 모두에게 주목받았던 것 같다. 베네치아 대사의 증언이 이를 잘 보여주는데, 그는 톱카프 궁전은 '세상에서 가장 아름답고, 가장 편리하며, 가장 경이로운 궁전'이라고 칭송했다. 르네상스 시대의 다른 많은 건물들과 공예품들처럼, 톱카프 궁전은 독창적인 창조 행위이자 고도의 정치적 목적 그 자체였다. 이 두 가지 충동은 분리될 수 없었고, 이것이 바로 르네상스를 정의하는 특징이다.

동방과 서방의 여러 국가와 제국 사이의 국제적인 경쟁이 르네상스 사상가들과 작가들, 예술가들을 자극했다. 런던 내셔널갤러리에 걸려 있는 메흐메트의 초상화 작가 젠틸레 벨리니를 포함해 많은 사람들이 메흐메트를 위해 일했다. 벨리니는 술탄으로부터 받은 선물을 가득 안고 베네치아로 돌아갔다. 그 속에는 '튀르크식으로 세공된 무게 250크라운의 금 목걸이'가 포함되어 있었다. 〈알렉산드리아에서 설교하는 성 마르코〉 그림에서 젠틸레는 설교단 밑에 자신의 모습을 그려 넣었는데, 메흐메트로부터 받은 목걸이를 목에 걸고 있다. 벨리니는 메흐메트의 후원 덕분에 얻은 성과물들을 자랑스럽게 내보였고, 알렉산드리아를 묘사하는 데 이국적인 풍경을 생생하게 표현하기 위해 이스탄불 체류 경험을 활용했다.

이러한 교류는 오늘날 우리가 르네상스 예술이라고 부르는 표현 양식에 빠르게 영향을 미쳤다. 이탈리아의 예술가 코스탄초 데 모이시스 역시 메흐메트를 위해 일하러 이스탄불에 갔을 때, 페르시아와 오스만의 예술적 전통들을 바탕으로 그림과 소묘를 제작했다. 코스탄초의 작품으로 알려진 펜과 구아슈를 이용한 소묘 〈앉아 있는 서기〉는 오스만인 서기 한 사람을 치밀하게 연구한 결과물이다. 그림 오른편 상단 구석에는 페르시아 글씨까지 써넣었다. 밝고 단조로운 색을 사용하고 엄청난 공을 들여 옷, 자세, 장식을 상세하게 묘사한 것을 통해 코스탄초가 중국, 페르시아, 오스만의 예술적 표현 양식들의 다양한 원칙들을 흡수했음을 알 수 있다. 예술 양식의 교환이 양방향으로 진행되었다는 것은 코스탄초의 작품을 놀라울 정도로 완벽하게 모사한 작품에서 확인할 수 있다. 15세기 페르시아 예술가 비흐자드(Bihzad)의 것으로 알려진 〈튀르크 복장을 한 어느 화가의 초상〉이라는 제목의 작품은 코스탄초가 소묘를 완성하고 몇 년 뒤에 완성된 것이다. 비흐자드는 서기에서 화가로 대상에 살짝 변화를 주면서 이슬람식 인물화를 완성하기 위해 동시대의 이탈리아인으로부터 배운 것들을 활용했다. 코스탄초 역시 이슬람식 인물화를 창조적으로 모사했다. 어느 그림이 서양식이고 동양식인지 명확하게 구분하는 것이 불가능할 정도로 두 예술가 모두 상대방의 미학적 혁신

3. 코스탄초 데 모이시스의 〈앉아 있는 서기〉

을 흡수했다.

1520년 술탄 술레이만 대제의 등극으로 예술적·외교적 교류는 더욱 긴밀해졌다. 술레이만 대제는 플랑드르 직조공들에게 대형 태피스트리를 주문했고, 1532년 빈 포위 때 쓸 황제의 금관과 보석을 베네치아 금세공업자에게 맡겼다. 또한 오스만의 대건축가 미마르 코카 시난에게 궁전, 이슬람 사원, 다리의 건설을 맡겨 이탈리아 건축가들과 경쟁하게 했다. 16세기 초 중앙에 둥근 지붕을 얹도록 설계된 이슬람 사원들을 이스탄불에 건설하면서 시난은 튀르크-이슬람식 건축 전통뿐만 아니라 아야소피아 대성당을 통해 알게 된 비잔틴의 유산을 받아들였다. 교황 율리우스 2세가 로마의 성 베드로 대성당을 개축하기 위해 건축가 도나토 브라만테와 나중에는 미켈란젤로를 고용했을 때, 이들은 반구형 돔과 뾰족탑을 가진 아야소피아뿐만 아니라 시난의 이슬람 사원들과 궁전들을 참조했다. 이처럼 오스만과 이탈리아 건축가들 모두 하나의 공유된 지적·미적 전통에 따라 제국의 도시들을 재건하기 위해 경쟁했다.

이러한 교류와 경쟁이 암시하는 것은 르네상스 시대에 동방과 서방 사이에 분명한 지리적 혹은 정치적 경계가 없었다는 것이다. 그것은 훨씬 후대에 나온 19세기식 믿음이었을 뿐이다. 문화적·정치적인 면에서 이슬람적인 동방과 기독교적

4. 페르시아의 화가 비흐자드의 〈튀르크 복장을 한 어느 화가의 초상〉

인 서방 사이에 절대적인 분리가 있었을 것이라는 이 믿음이 두 문화 사이의 교역과 사상의 원활했던 교류를 가려왔다. 분명 양측은 종종 종교적·군사적 갈등을 겪었다. 그러나 중요한 것은 이러한 갈등에도 불구하고 양자 사이의 물질적·사업적 교류가 계속되어왔다는 것이고 양측에 문화적인 발전을 위한 자양분 가득한 환경을 만들어냈다는 것이다. 그들은 고전시대의 과거를 공통의 문화적 유산으로 함께 향유하면서 우리가 현재 전형적인 르네상스의 결과물이라고 인식하는 새로운 성과물들을 만들어냈다.

변화의 바람

오스만 제국은 한때 콘스탄티노플이 주도했던 동방과 서방 사이의 문화적 접촉을 차단하지 않았다. 그러한 교류에 단지 세금을 부과했을 뿐이다. 오스만 당국은 페르시아, 중앙아시아, 중국으로 가는 육상 교역로에 교역세를 부과했다. 그러나 이는 오히려 새로운 사업 방식을 만들어냈다. 백년전쟁의 종결은 북유럽과 남유럽 사이의 무역 순환을 자극했고, 동방으로부터의 이국적인 상품들에 대한 수요를 늘렸다. 이는 다시 상거래의 규모 확대를 촉진했고, 유럽의 기독교 국가들로 하여금 중과세를 우회하는 방법들을 찾도록 만들었다. 대부분의 동방 상품들은 유럽의 금괴나 은괴로 지불되었는데, 중부 유럽의 광산 매장량이 바닥을 드러내기 시작하고 세금이 오르면서 새로운 수입원이 필요해졌다. 바로 이러한 사정 때문에 새로운 대륙의 탐험과 발견이 늘어났다.

수 세기 동안 금은 북아프리카와 사하라 횡단 카라반 루트를 따라 유럽으로 천천히 흘러들었다. 수단 광산의 금은 튀니지, 카이로, 알렉산드리아로 이 길들을 따라 이동했고, 이곳에서 이탈리아 상인들에 의해 유럽 상품들과 교환되었다. 15세기 초부터 포르투갈의 왕실과 상인들은 아프리카 해안가를 따라가는 해양 무역을 통해 금과 향신료 산지 시장들로 다가갈 수 있었고, 이 방법으로 오스만 영토를 통과하는 육로 교역로에서 부과되는 세금을 피할 수 있다는 사실을 인지했다. 그러한 야심찬 계획은 조직과 자본을 필요로 했다. 15세기 중엽에 이르면, 독일이나 피렌체, 제노바, 베네치아 상인들은 서아프리카 해안을 따라가는 포르투갈의 항해에 자금을 지원했고, 포르투갈 왕에게 이윤의 일부를 제공했다.

그러나 아프리카 무역로를 통해 유럽으로 흘러들어간 것은 금만이 아니었다. 남부 세네갈에서 '부도멜(Budomel)'이라고 불렸던 족장의 왕국을 여행하던 알비스 카다모스토라는 한 베네치아 상인은 일곱 필의 말을 주고 100명의 노예를 구입할 수 있었다. 이 말들을 '구입하는 데 든 비용은 모두 300두카트 정도였다'. 베네치아인들에게 이것은 많은 이윤을 남길 수 있는 거래였다. 대체로 말 한 필당 9명에서 14명의 노예를 교환할 수 있었기 때문이다(당시 베네치아는 3000명이 넘는 노예들을 소유하고 있었다). 1446년 카다모스토는 아르갱(Arguim) 지역에서 매년 1000명의 노예들을 실어왔다고 기록했다. 노예들은 리스본으로 끌려왔고 유럽 전역으로 팔려나갔다. 이 무역은 유럽 르네상스의 가장 어두운 측면들 가운데 하나이며, 향후 수 세기 동안 수백만 명의 아프리카인들에게 비참과 고통을 안겨주게 될 대서양 노예 교역이 이렇게 시작되었다. 르네상스의 위대한 문화적 성과들을 재정적으로 뒷받침한 경제가 인간의 생명을 거래하는 부도덕한 교역에 의해 활성화되었음을 알고 나면 정신이 번쩍 든다.

유럽 본토로 흘러들어온 아프리카의 금, 후추, 직물, 노예는 동방으로부터 수입된 상품들과 더불어 초기 근대인들로 하여금 세계적 전망을 가지고 세상을 이해하도록 만들었다. 1492년 콜럼버스가 신세계로 첫 항해를 떠나기 직전에 독일의 직물 상인 마르틴 베하임이 세계 경제의 융합과 이 시대를 특징짓는 예술적 혁신을 모두 보여주는 물건을 하나 만들었다. 바로 세계 최초의 지구의로 알려진 것이다. 1100곳 이상의 지명과 48명의 왕과 통치자의 축소 모형이 그려진 베하임의 지구의는 상품, 상업 관행, 무역로에 관한 설명도 담고 있었다. 베

5. 1492년 독일 상인 마르틴 베하임이 뉘른베르크에서 완성한 최초의 근대적인 지구의. 그는 이것을 서아프리카에서 돌아온 뒤 만들었다.

하임의 지구의는 상인 겸 지리학자에 의해 고안되고 제작된 르네상스 세계의 상업 지도라고 할 수 있다. 베하임은 1482년과 1484년 사이 서아프리카에서의 상거래 경험을 기록한 바 있는데, 이를 통해 그가 어떤 이유에서 항해를 떠났는지 알 수 있다. 그는 '판매와 물물교환의 목적으로 다양한 물건들과 상품'을 배에 싣고 항해를 떠났다. 이 물건들 속에는 '회교도 왕들에게 선물할 말들과 회교도들에게 보여줄 향신료의 다양한 견본들'이 포함되어 있었다. '이 견본들은 우리가 그들의 나라에서 찾는 게 무엇인지를 이해시키기 위해' 가져간 것이었다. 향신료, 금, 노예, 바로 이 상품들이 르네상스 세계를 최초로 전 세계적인 차원으로 승격시킨 동력이었다.

그러한 문화적·상업적 영향들은 언제나 한 방향으로만 흐르지는 않는다. 포르투갈의 연대기 작가는 '시에라리온 사람들은 영리하여 스푼, 소금통, 검자루 같은 기막히게 아름다운 작품들을 만들어낸다'고 적었다. 이는 '아프리카-포르투갈 상아 공예품'을 직접 가리켜 한 말이었다. 시에라리온과 나이지리아 출신의 아프리카 예술가들이 조각한 이 아름다운 공예품들은 아프리카 스타일과 유럽식 모티브를 혼합하여 만든 것으로 두 문화 모두에 속하는 혼성물이라 할 수 있다. 소금통과 상아제 뿔피리(수렵용 나팔) 같은 것이 그런 조각품의 특히 흔한 예였는데, 알브레히트 뒤러와 메디치 가문 등이 소장하

6. 16세기 초 포르투갈인이 주문하고 베냉인이 제작한 소금통. 포르투갈 여행가들이 디자인하고 아프리카 장인이 조각한 작품이다. 그 결과 완전히 새로운 르네상스 예술 작품이 탄생했다.

고 있었다. 유난히 눈에 띄는 소금통 하나는 16세기 초의 것으로, 바구니를 떠받치고 있는 네 명의 포르투갈인과 바구니 위로 포르투갈 배가 항해하는 모습을 묘사하고 있다. 약간의 유머가 가미되어 돛대 꼭대기의 망대에 선원 한 명이 살짝 모습을 드러내고 있다. 의복, 무기, 밧줄에 대한 세부 묘사는 포르투갈 선원들과 만나고 그들을 꼼꼼하게 관찰한 결과였다. 학자들은 이러한 조각품들이 유럽으로의 수출을 위해 고안되었다고 확신한다. 이러한 조각품들의 정교한 구슬 장식과 꼬임 장식, 뒤틀림 장식은 16세기 포르투갈 건축에 큰 영향을 주었고, 한편으로는 아프리카와 극동 지역에서의 상업적 성공을 축하하기 위한 기념물들이 세워지기 시작했다.

제 2 장

인문주의자들과 책

1466년 11월, 15세기의 가장 저명한 인문주의 학자 가운데 한 명이었던 게오르기오스 트라페준티오스가 교황 파울루스 2세의 명령으로 로마 감옥에 수감되었다. 50년 전 그리스어를 하는 학자로 베네치아에 도착한 이래 게오르기오스는 그리스와 로마의 고전 저자들에게 영향을 받아 당대의 새로운 지적·교육적 기풍을 주도하는 뛰어난 전문가로서 자리를 잡았다. 또한 그리스어와 라틴어 능력을 활용하여 수사학과 논리학에 대한 저서들을 펴내고 아리스토텔레스와 플라톤의 저서들을 번역하고 주해본을 출간함으로써 빠르게 명성을 얻었다.

1450년에 이르러 게오르기오스는 교황의 비서관이 되었고,

교황 니콜라우스 5세의 후원을 받아 로마 학교(*Studio Romano*)에서 인문주의 과정, 흔히 인문학(*studia humanitatis*)이라 불렸던 분야에서 주임 교수직을 맡게 되었다. 그러나 소장 인문주의 학자들은 게오르기오스의 번역 오류를 비판하기도 했다. 1465년 게오르기오스는 정복자 메흐메트의 새로운 수도인 이스탄불, 즉 예전의 콘스탄티노플로 향했다. 메흐메트의 학문적 취향을 알고 있었던 게오르기오스는 '위대한 문제들에 관해서 철학적으로 사고하는 현명한 왕을 섬기는 일보다 이 세상에서 더 좋은 일은 없다'며 고전시대 그리스의 지리학자였던 프톨레마이오스의 저서에 서문을 쓰고 이를 술탄에게 헌정했다. 게오르기오스는 또한 아리스토텔레스와 플라톤을 비교하며 쓴 글을 술탄에게 바쳤다. 로마로 돌아온 뒤에도 그는 '신께서 세상을 홀로 지배할 수 있는 위대한 기회를 주신 이는 이전에도 없었고 앞으로도 없을 것'이라며 술탄에게 계속 편지를 보냈다. 과장이 심한 이 편지들과 헌정문에서 게오르기오스는 자신의 학문적 재능을 후원해줄 수 있는 적임자로 메흐메트를 대놓고 지목하고 있었다. 아부로 가득한 술탄과의 지적인 교류를 알게 된 교황은 분개하며 게오르기오스를 투옥했다. 그러나 구금은 오래가지 않았고, 그는 부다페스트에서 잠시 활동하다가 다시 로마로 돌아왔다. 그리고 이곳에서 수사학과 변증법에 관한 자신의 저서들이 새로운 발명품 덕분에 각지에 유포되면서 수명이 연장되는 모습을 보았다. 그 발명품이란 바로 인쇄기였다.

이 장은 모든 철학적 문제들 가운데 가장 복잡하고 가장 많은 논란을 불러일으키는 주제인 르네상스 인문주의의 발달과, 전근대 사회에서 가장 중요한 기술적 발전들 가운데 하나인 인쇄기의 발명과 인문주의의 관계를 다룰 것이다. 두 가지의 발전을 하나로 엮은 것은 책이었다. 15세기 초에 글을 읽고 쓸 줄 아는 능력과 책은 콘스탄티노플, 바그다드, 로마, 베네치아 같은 주요 도시들에 집중된 소수 국제적 엘리트의 전유물이었다. 16세기 말에 이르면 인문주의와 인쇄기는 엘리트와 민중 두 계층 모두의 읽기와 쓰기 능력 그리고 지식의 지위에 혁명을 가져왔으며, 그러한 혁명은 북유럽에 더 집중되었다.

게오르기오스 트라페준티오스가 활동한 기간은 지적인 사고와 책의 역사의 향방을 결정하는 중요한 순간과 겹쳐 있었다. 이때는 지식인 집단이 고전시대 그리스와 로마의 저자들로부터 알게 된 새로운 교육 방식, 즉 인문학을 발전시킨 시기였다. 학자들은 스스로를 '인문주의자'로 다듬어나가기 시작했고, 현재를 이해하고 변화시키는 수단으로서 과거의 저작들을 이해하고, 번역하고, 출판하고, 가르치는 거대한 사업에 참여했다. 르네상스 인문주의는 중세의 학문 전통으로부터 배태되었지만, 점차 그것을 대체해나갔다. 인문주의는 고전 작품들에 대한 연구를 출세하고, 세련되고, 교양 있는 개인의 양성을 위한 중요한 과정으로 체계적으로 발전시켰다. 그러한 개인은 정치, 무역, 종교의 세속적인 세계에서 성공하기 위해 이 기술을 활용할 수 있었다.

인문주의가 성공할 수 있었던 것은 추종자들에게 다음의 두 가지를 보장한다고 단언했기 때문이다. 먼저 인문주의는 고전을 익히는 일이 그들을 더 나은, 즉 더 '인문주의적인' 사람으로 만들어줄 것이고, 그러면 사회생활에서 개인이 마주치게 될 도덕적·윤리적 문제들을 숙고할 수 있게 해줄 것이라는 믿음을 만들어냈다. 둘째로 인문주의는 학생들과 종사자들로 하여금 고전 문헌 교육이 대사, 변호사, 성직자 혹은 15세기 유럽에서 출현하기 시작한 관료행정체계 속에서 서기관으로서의 미래 경력을 위해 필수적인 실용적 기술을 제공한다고 믿게끔 했다. 번역, 편지 쓰기, 공적 연설을 위한 인문주의적 훈련은 사회적 엘리트 계층으로 진입하기를 원하는 사람들에게 매우 시장성 높은 교육으로 보였다.

이는 고전 문화가 낳은 위대한 책들을 찾아다니고 문명사회를 만들기 위해 고대 저자들의 지혜에 몰두하는 로맨틱하고 이상화된 인문주의자의 모습과는 동떨어진 것처럼 보인다. 르네상스 인문주의는 직업적 성취를 위한 틀을 제공하는, 특히 정부 관리를 키우려는 실용적인 목적을 갖고 있었다. 근대 인문 교육은 이와 같은 모델을 토대로 한다(용어 자체가 '*studia humanitatis*'라는 라틴어에서 유래했다). 이 역시 마찬가지의 이익을 약속하고, 거의 틀림없이 마찬가지의 결점들을 갖고 있다. 인문학은 교양 과목들에 대한 폭넓은 학습이 보다 교양 있는 사람을 키워내고, 직업에서 성공하기 위해 요구되는 언어적·수사적 능력을 키워줄 것이라는 가정에 기초한다. 그러나 이러한 가정에는 지속적인 긴장과 갈등이 내재되어 있다. 이러한 긴장과 갈등은 과거 르네상스 인문주의에서도 찾아볼 수 있었다.

이러한 갈등 가운데 많은 부분이 게오르기오스 트라페준티오스의 삶에서 확인된다. 그의 삶을 보건대, 르네상스 인문주의의 발전은 고전 문헌을 공들여 찾고 번역하고 편집하고 출판하고 교육하는 일을 포함하는, 지적으로 매우 고된 실무적인 업무를 통해 이루어졌다. 게오르기오스가 저술과 번역, 교육에 모두 종사해야 했다는 것은 인문주의의 성공이 주로 취업을 위한 실무적인 준비 과정으로서의 수업에 달려 있었음을 뜻한다. 따라서 새로운 교육 과정과 인문주의 교육에 필요한 기술들을 가르치는 방법들이 도입되었다. 인문주의는 지식을 가르치고 전파하는 학문 공동체의 창설을 목표로 했으나, 실제로 개별 성원들은 인문주의의 성격과 발전 방향을 두고 많이 다투었고, 그러한 다툼은 게오르기오스가 경험하고 그의 경력을 위협했던 악의적인 논쟁과 혹독한 경쟁으로 이어지곤 했다. 인문주의는 인문 교육이 제공했던 언어적·수사적·행정적 전문 기술이 가치 있다고 생각했던 정부 엘리트에게 그 기술을 팔았다.

그러나 인문주의의 이러한 성공은 종종 문제들을 야기할 수 있었다. 게오르기오스가 학자로서 충성을 바치고 인문주의적 기술을 전수할 대상을 이 후원자(교황 바오로 2세)에서 저 후원자(정복자 메흐메트)로 옮기려 했을 때 경험했듯이 말이다. 그 결과 인문주의는 교육과 인쇄기라는 혁명적인 매체를 통해 인문주의적 방법을 전파하는 데 노력을 집중하게 되었다. 인문주의와 인쇄기의 동맹은 학자들이 그들의 출판물을 표준화된 형태로 대거 확산시킬 수 있도록 해주었다. 이는 원고를 필사하는 방식이었을 때의 양과 범위를 훌쩍 뛰어넘는 것이었다. 이러한 동맹은 읽고 쓰는 능력을 향상하고 학교의 수를 늘리는 데 큰 영향을 미쳤고, 사회화의 한 도구로서 교육에 대한 전례 없는 강조를 이끌어냈다.

설득하는 사람들

르네상스 인문주의에 관한 이야기는 14세기 이탈리아 작가이자 학자인 페트라르카와 더불어 시작된다. 그는 교황청이 프랑스 아비뇽에 머물렀던 시절과 밀접한 관련이 있었다. 그곳에서 그의 부친이 공증인으로 근무했는데, 그는 교황청의 업무에서 나오는 엄청난 양의 문서들을 행정적으로 처리하는 데 숙련된 학자였다고 할 수 있다. 이러한 학자적 전통을 이어받은 페트라르카는 특히 키케로, 리비우스, 베르길리우스 등 그동안 도외시되었던 고전시대 로마 작가들의 수사학적·문체적 특징들에 관심을 갖게 되었다. 그는 일부만 남은 서로 다른 필사본들을 대조하고, 언어적 전와(轉訛)를 바로잡고, 언어적으로 좀더 유려하고 수사학적으로 보다 설득력 있는 형태의 라틴어로 글을 쓰면서 그 문체를 본받아가며 리비우스의 『로마사』 같은 저서를 종합 정리하기 시작했다.

페트라르카는 또한 고전문헌들을 찾아 수많은 도서관과 수도원을 샅샅이 조사했고, 1333년에는 로마의 정치가이자 연설가인 키케로의 연설문, 『아르키아스를 위한 변론Pro Archia』 필사본을 발견했다. 이 연설문에서 키케로는 '인문학'의 미덕을 논의했다. 페트라르카는 이 변론을 '시인들에게 보내는 경이로운 찬사로 가득한' 글이라고 설명했다. 키케로는 페트라르카와 향후 인문주의의 발전에 핵심적인 인물이었다. 왜냐하면 그는 교양인이 어떻게 삶의 철학적이고 명상적인 측면과 공적인 측면을 결합할 수 있는가에 관한 새로운 사고방식을 제시했기 때문이다. 『연설가에 대하여De Oratore』라는 유명한 저서에서 키케로는 수사학과 연설을 철학과 비교하며 이 문제를 제기했다. 키케로에게 '연설이라는 예술은 생각을 열고 사람들의 일반적인 관례, 관습, 담화에 어느 정도 관심을 갖는 것이었다'. 반면 철학은 '공적인 이해관계'와는 동떨어진 개인적인 사색을 말하는 것이며 사실 '어떠한 종류의 일'과도 무관하다. 페트라르카는 『고독한 삶에 관하여De vita Solitaria』에서 철학자의 역할과 연설가의 역할에 관해 논의하며 키케로식 구분법을 다음과 같이 언급했다.

> 그들의 삶의 방식이 크게 차이가 나고 지향하는 목표가 완전히 상반되는 것을 보고 나는 철학자들은 연설가들과 항상 다르게 사고한다고 생각하게 되었다. 연설가들의 노력은 군중의 갈채를 얻는 데 맞추어진 반면, 철학자들은—그들의 공언이 그릇되지 않는다면—자기 자신을 알고, 영혼을 본래적 상태로 되돌리고, 공허한 영광을 경멸하려고 애쓴다.

이것이 페트라르카가 생각하는 인문주의를 위한 청사진이었다. 그것은 바로 진리를 향한 철학적 탐색과 사회적 역할의 효과적인 수행을 위한 실용적인 능력을 수사학과 설득의 기법을 사용하여 결합하는 것이었다. 둘 사이의 완벽한 균형을 잡기 위해 문명인은 인문학 과목들, 즉 문법, 수사학, 시, 역사,

도덕철학을 철저하게 수련할 필요가 있었다.

이런 멋진 주장의 목적은 선대 학자들이 누려왔던 것보다 더 큰 힘과 위신을 초기 인문주의자들에게 부여하는 것이었다. 중세 스콜라 철학은 학생들에게 라틴어와 편지 쓰기, 철학을 가르쳤으나 교사들이나 사상가들은 (대체로는 교회의) 권위에 일반적으로 복종하는 태도를 취했다. 인간성에 대해 철학적으로 사고할 수 있고, 엘리트에게 대중 연설과 설득의 기술을 가르치는 존재로 인문주의자를 정의함으로써, 키케로는 사회적 · 정치적 제도들에 대한 견해를 '판매할' 수 있는 더 큰 자율성을 인문주의와 인문주의자들에게 부여했다. 그러나 인문주의가 정치 이념으로 이용되고 그것이 이익을 가져다주어 일부 인문주의자들이 이런 현상을 기쁘게 받아들이기도 했지만, 인문주의는 결코 정치적인 운동이 아니었다. 인문주의자들은 스스로를 연설가이자 수사학자라 칭했고, 정치가보다는 문체와 표현법 전문가로 행동했다. 인문주의 저작들의 내용을 보이는 대로 받아들이는 것은 종종 오류로 이어질 수 있다. 그러한 집필은 종종 특정한 주제에 대한 변증법적 찬반 논쟁을 즐기면서 사실은 문체와 수사학을 실습하는 매우 정례적인 활동이었다. 인문주의의 승리는 공화주의자든 군주주의자든 그 봉사의 유용성에 대가를 지불할 미래의 정치적 후원자들을 설득할 수사학과 연설, 변증법 기술을 활용하는 능력에 달려 있었다.

인문학 교육의 실제

15세기 중반에는 인문주의의 관행이 학교, 대학, 궁정을 통해 널리 퍼지고 있었다. 인문주의가 수사학과 언어를 강조하면서 물질적·지적 도구로서 책의 지위가 높아졌다. 라틴어를 어떻게 말하고, 번역하고, 읽고, 심지어는 어떻게 쓸지에 대해 전면적인 재검토를 진행하면서 인문주의자들은 인문주의 사상을 유포할 수 있는 완벽한 도구로서 책에 관심을 집중했다. 이런 인문주의적 이상들은 실제로 어떻게 자리를 잡았을까? 가장 존경받는 인문학 교육자 가운데 한 사람이었던 베로나 출신의 과리노 과리니(1374~1460)의 삶을 통해 인문주의 이론과 수업 사이의 간극을 생생하게 확인할 수 있다. 과리니는 페라라의 에스테 가문에 고용되어 그곳에서 1436년부터 수사학 교수로서 강의했다.

과리니 교수의 성공은 학생들과 후원자들에게 세련된 인문학적 가치와 사회적 출세에 꼭 필요한 실용적 사고 기술을 접목한 인문주의 교육과 이를 통해 얻을 수 있는 미래의 전망을 판매하는 그의 능력에 기초했다. 키케로에 대한 첫 강의에서 과리니 교수는 다음과 같은 질문을 던졌다.

우리 자신과 가정, 우리의 정치적 직무를 인도하고, 정돈하고, 관리하는 데 있어서 우리가 이제 얻게 될 기술, 교훈, 배움보다 우리의 노력과 숙고를 기울여 다다를 수 있는 더 나은 목표가 있을까요? (…) 그러므로 탁월하신 청년과 신사 여러분, 시작할 때의 마음으로 키케로에 대해 계속 공부하십시오. 그럼 우리의 도시는 여러분에게 희망찬 기대를 품게 될 것이고, 그건 여러분에게 명예와 기쁨을 가져다줄 것입니다.

이것이 바로 수사학과 설득의 기술을 수련한 교수와 학자 집단이 퍼뜨린 인문주의의 전망이었다. 따라서 이러한 전망이 당대에 너무나도 기꺼이 받아들여졌고 오늘날에도 인문학부 학생들에게 계속 영향을 미치고 있는 것은 놀랄 만한 일이 아니다.

인문적인 엘리트 시민들을 키워내겠다고 약속했지만, 과리니 교수의 수업이 이 약속을 꼭 지킬 수 있었던 것은 아니다. 그의 수업은 문법과 수사학에 대한 과도한 몰입 교육이었고, 부지런히 필기하고 학습한 내용을 암기하고 소리 내어 반복하고, 글에서 배운 미사여구를 모방하고, 기본적인 내용을 끝없이 연습할 것을 요구했다. 분석할 문서의 성격에 대한 보다 철학적인 성찰을 위한 시간은 거의 없었고, 학생들의 강의 노트에는 과리니 교수 같은 인문주의자들이 인문주의 교육의 기본이라고 믿었던 새로운 방식의 말하기와 쓰기에 관한 아주 기본적인 내용만이 담겨 있었다. 언어와 수사학에 대한 이런 기초적인 교육은 학생들이 사법, 정치, 종교 부문의 관직 가운데 기본적인 직무를 맡을 수 있도록 도와주었다. 물론 이 자리는 과리니 교수가 강의 소개 시간에 약속했던 최고로 높은 자리와는 거리가 멀었다.

과리니 교수의 교육 방법은 그의 정치인 후원자들을 만족시켰다. 학생들에게 중요한 문법 사항들을 반복해서 연습시키는 일은 수동성과 굴종과 유순함을 길러냈다. 실패하면 징벌과 징계가 일상적으로 이루어졌다. 과리니 교수는 통치자가 공화주의자든 (후원자인 에스테 가문의 경우처럼) 군주주의자든 그의 정책에 복종하라고 권했다.

> 통치자가 무엇을 선언하건 간에, 이를 평정한 마음과 기쁜 표정으로 수용해야 한다. 그럴 수 있는 사람들만이 통치자들에게 총애를 받고, 출세하고, 그들의 부유한 측근이 되고, 높은 자리에 오를 수 있기 때문이다.

인문 교육을 받는 대부분의 학생들에게, 새로운 개념의 개인에 대한 인문주의의 수사학적 주장은 실제로는 최근에 출현한 관료제 국가에서 직업을 찾는 일로 이어져 있었다. 과리니는 정치적 묵인이 그러한 지위에 요구되는 실무적인 기술과 어울린다고 확신하고 있었다. 바로 이런 점이 인문주의 사상을 유포하는 학교들과 대학들에 대한 엘리트들의 계속된 지원을 보장했다.

인문주의자 가정에서 보인 여성의 자리

인문주의의 화려한 어법을 들어보면 인문주의가 여성에게 새로운 지적·사회적 기회들을 부여할 것이라는 기대를 갖게 된다. 그러나 인문주의와 여성의 관계는 생각보다 훨씬 더 이중적이며 양면적이다. 『가족에 관하여Della famiglia』(1444)라는 논문에서 레온 바티스타 알베르티는 남성이 가장이긴 하지만 가정의 운영은 여성이 해야 한다는 인문주의자의 의견을 다음과 같이 개진했다.

> 나는 작은 집안 문제는 아내가 처리하도록 맡겨둔다. (…) 아내가 시장터에서 남성들 사이에서 분주히 일하거나 바깥으로 나가 세상 사람들의 주목을 받는다면 우리는 주위 사람들로부터 존경받지 못할 것이다. 동료 시민들과 명망 있는 외국인들 사이에서 남자들끼리 해야 할 남자들의 일이 있을 때, 여자들 사이에서 입을 다문 채 집에 있는 것 역시 내게는 다소 모욕적인 일로 느껴

진다.

공적인 장소에서 유창하게 말하는 남성과 집안에 머물며 침묵하는, 즉 '집에 갇혀 있는' 그의 아내는 대조적이다. 아내의 유일한 일은 가정을 꾸려나가는 것이었다. 가정을 성공적으로 유지하기 위해서 남성들은 아내에게 가정의 모든 것을 개방했다. 딱 하나만 제외하고 말이다. '책과 기록'만큼은 열쇠를 채워 멀리 두어야 했다. '이렇게 하여 나의 아내는 글을 읽을 줄도 모를 뿐만 아니라, 거기에 손도 댈 수 없다.' 알베르티는 바깥일에 대해, 남편과 남성들의 고민거리에 대해 너무 많이 알려고 애쓰는 드세고 외향적인 여성들을 떠올리며 걱정스러워했다.

알베르티의 태도는 자신들에게 주어진 역할에 이의를 제기하고 인문주의 학습에서 드러난 자신의 자질을 계속 키워나가려는 엘리트 여성에 대한 인문주의자의 태도에 영향을 미쳤다. 그들은 여성이 배움을 추구하는 걸 완전히 배격하지는 않았지만, 딱 거기까지여야 한다는 데에는 확고부동했다. 한스 바론에 따르면 시민적 인문주의의 위대한 영웅이었던 레오나르도 브루니는 1405년에 쓴 한 편지에서 여성이 기하학, 산술, 수사학을 배우는 것은 매우 위험하다고 경고했다. 왜냐하면 '만일 여성이 연설을 하면서 팔을 이리저리로 뻗거나, 힘을 주어 말하기 위해 목소리를 높인다면, 그녀는 위협적일 만큼 심각한 정신이상으로 보일 것이고, 감금이 필요한 것처럼 보일 것이기' 때문이다. 여성은 작물 재배, 장식, 가사를 배울 수 있었지만, 대중 앞에 나설 수 있게 해주는 정규 전문 지식을 배우거나 지적으로 탁월해 보이면 빈축을 샀다.

그러한 적대감에도 불구하고, 몇몇 학식 있는 여성들은 지적 경력을 쌓기 위해 노력했다. 『여성들의 도시』(1404~5)에서 프랑스 작가 크리스틴 드 피장은 '자신들보다 훨씬 더 지적이고 더 고상하게 행동하는 것을 본 사악한 남성들이 질투심에 여성들을 헐뜯고 있다'고 주장했다. 1430년대에 베로나 출신의 이소타 노가롤라는 여성들의 수다스러움에 대한 비난에 맞서 다음과 같이 응수했다. '여성은 수다스러움에서 남성을 능가한다기보다, 실은 달변과 미덕의 면에서 남성을 능가한다.'

그러나 책을 펴내고 대중 앞에서 연설하려는 그러한 시도들은 전문적인 활동이라기보다 진기한 이벤트 정도로 여겨졌다. 1438년에 이름을 알 수 없는 한 팸플릿 작가는 '공개적으로 말하기'를 시도한다며 이소타 노가롤라를 비난했다. 그는 이중적 의미를 갖는 거친 문구를 사용하여 '언변이 번드르르한 여성은 결코 정숙하지 않다'고 선언하면서, 그녀의 학식을 성적인 난삽함으로 호도했다. 여성이 우수한 학생에서 대중 연설가로 가는 선을 넘는 순간, 인문주의자들은 성적으로 방만하다며 그녀를 비난하거나, 여성들의 지적인 대화를 연인들 간의 육체 관계 정도로 곡해하고 비하했다.

르네상스 인문주의는 여성들에게 새로운 기회를 만들어주지 않았다. 여성들의 교육은 사회적 장식으로서 권장되었고 그 자체가 목적이었다. 가정 밖으로 나와 공적 영역으로 발을 내딛기 위한 수단으로 권장된 것이 아니었다. 생활고에 시달리는 남성 인문학 교수들과 학생들은 자신의 공적 지위와 직업을 얻는 데 많은 어려움을 겪고 있었다. 여성들이 그런 공적 경력을 가질 수 있다는 가능성은 분명히 위협적이었고, 잠재적으로 곤란했으며, 용납할 수 없었다. 그러나 르네상스 인문주의의 수사법은 교육과 달변의 미덕을 칭송했고, 어느 곳에서든지 가능하다면 여성들은 이러한 발전이 제공하는 기회를 이용하려 했다. 여성들에게도 르네상스가 있었다면, 이는 대개 남성 인문주의자들의 방해를 이겨내고 이루어낸 것이었다.

인쇄기: 소통의 혁명

1460년대 중반에 알베르티는 다음과 같은 글을 썼다. '나는 한 독일 발명가에게 열렬한 환호를 보냈다. 그가 최근에 만든 활자라는 것 덕분에 겨우 세 사람의 힘으로도 100일 안에 주어진 문서를 200부 이상 찍어낼 수 있게 되었다고 한다. 인쇄기 하나하나가 큰 판형으로 한 면씩 찍어내기 때문이다.' 1450년경 독일에서 활자의 발명은 르네상스의 가장 중요한 기술적 · 문화적 혁신이었다. 알베르티가 그랬듯이, 인문주의는 이 기계를 이용한 대량 복제의 실제적인 가능성을 재빨리 알아차렸다. 그러나 인쇄기의 혁명적인 효과는 북유럽에서 가장 확연하게 나타났다.

인쇄기는 1450년대 마인츠에서 요하네스 구텐베르크, 요하네스 푸스트, 피터 쇠퍼의 상업적 · 기술적 협업을 통해 발명되었다. 구텐베르크는 금세공업자로서, 자신의 기술을 적용하여 인쇄기에 사용할 수 있는 활자를 주조했다. 필사가이자 서예가였던 쇠퍼는 원고를 필사하는 자신의 능력을 이용하여 인쇄본을 디자인하고 구성하고 배열을 맞추었다. 푸스트는 자금을 제공했다. 인쇄업은 협업의 과정이었고 무엇보다도 이익을 위해 기업가들이 운영해야 할 사업이었다. 목판인쇄술과 종이라는 동방의 훨씬 이른 발명품들에 기반하여, 구텐베르크와 그의 조력자들은 1455년 라틴어 성경을 인쇄했고, 1457년에는 시편을 발행했다.

쇠퍼에 따르면, 인쇄란 그저 '갈대나 펜 없이 인위적으로 글을 쓰는 기술'에 불과했다. 이 새로운 매체는 처음에는 그 자체로서 중요성을 인정받지 못했던 것이다. 초기에 인쇄된 많은 책들은 필사본의 고유한 외양을 모방하기 위해 채색 작업에 능통한 필경사들을 필요로 했다. 채색과 인쇄가 절반씩 섞인 이 책들의 호화로운 장식은 이 책들이 값비싼 상품으로 여겨졌고 내용만큼이나 외양에도 중요한 가치가 매겨졌다는 것을 암시한다. 이사벨라 데스테나 정복자 메흐메트 같은 부유한 예술 후원자들은 이러한 종류의 인쇄본에 돈을 지불했고, 이것을 그들의 좀더 전통적인 필사본들 옆에 비치했다.

1480년에 이르면, 독일, 프랑스, 네덜란드, 잉글랜드, 에스파냐, 헝가리, 폴란드의 모든 주요 도시들에 인쇄소들이 성공적으로 설립되었다. 1500년경이면 이러한 인쇄소들에서 4만 종에 이르는 서로 다른 판본들을 600만에서 1500만 부나 찍었는데, 이는 로마제국의 몰락 이후 생산된 책의 부수보다 많은 것이었다. 16세기의 생산량은 이보다 훨씬 더 놀랍다. 영국에서만 1만 개의 판본이 인쇄되었고, 인구 8000만 명도 안 되는 유럽에서 적어도 1억 5000만 부가 생산되었다.

활자의 대규모 보급은 지식과 소통에서의 혁명으로 이어졌고, 이는 사회의 최하층에서부터 최상층에 이르기까지 영향을 미쳤다. 책의 확산 속도와 양은 인쇄기가 새로운 독자들의 공동체를 양산했음을 보여준다. 이들은 인쇄되어 나오는 다양한 내용들을 섭렵하고 싶어했다. 또한 인쇄된 책들의 가격이 상대적으로 저렴해지고 그 덕분에 구입이 용이해졌다는 것은 이전보다 더 많은 사람들이 책에 접근할 수 있게 되었음을 의미했다. 인쇄업은 수익성이 좋은 사업이었다. 더 많은 사람들이 유럽의 속어들—독일어, 프랑스어, 이탈리아어, 에스파냐어, 영어—로 말하고 쓸 수 있게 되면서, 인쇄소들은 독자 수가 더 적은 라틴어나 그리스어보다 이런 언어들로 책을 출간하는 일이 점점 더 많아졌다. 속어들은 점차 표준화되었고, 대부분의 유럽 국가들에서 법, 정치, 문학 분야의 주요 소통 수단이 되어갔다. 일상의 언어로 출간된 인쇄본의 대부분은 공통의 속어를 사용하는 사람들 사이에 민족 공동체의 모습을 만들어나가는 데 기여했다. 이는 궁극적으로 개인들로 하여금 종교나 통치자보다 민족에 비추어 스스로를 정의하게 만들었다. 이러한 상황은 종교적 권위에 중대한 영향을 미쳐, 가톨릭교회의 절대적인 권위를 침식하고 프로테스탄티즘이 보다 세속적인 형태로 등장하도록 유도했다.

인쇄는 삶의 공적 영역과 사적 영역 모두로 침투했다. 초창기 인쇄소들은 주로 종교적인 책들—성경, 성무일과서, 설교집, 교리문답서—을 발간했다. 그러나 모험소설, 여행기, 팸플릿, 신문, 그리고 약 처방부터 아내의 의무에 이르기까지 일상의 모든 것에 대해 사람들에게 조언하는 안내서나 지침서 같은 좀더 세속적인 책들이 차차 소개되었다. 1530년에 이르면 팸플릿 인쇄본이 빵 한 덩어리 값밖에 안 되는 가격으로 팔렸고, 신약성서 한 부의 가격이 노동자의 하루 일당과 같아졌다. 듣고, 보고, 말하면서 소통이 이루어지던 문화가 점차 읽고 쓰는 행위를 통해 상호작용하는 문화로 변해갔다. 궁정이나 교회에 초점이 맞춰지기보다, 일종의 문필 문화가 어느 정도 자율성을 가진 인쇄소 주변에서 탄생하기 시작했다. 문필 문화의 의제는 종교적 정통 교리나 정치 이데올로기가 아니라 수요와 수익에 의해 정해졌다. 인쇄소는 지적 · 문화적 창조 활동을 집단적 모험으로 바꿔놓았다. 인쇄업자, 상인, 교사, 필경사, 번역가, 예술가, 저자 모두가 하나의 최종 결과물을 내놓는 데 자신들의 기술과 부를 쏟아붓고 있었기 때문이다. 인쇄술을 전공하는 어느 역사가는 15세기 후반 베네치아에 있었던 알두스 마누티우스의 인쇄소를 저임금 노동 착취적인 공장, 하숙집 그리고 연구소가 결합된 곳으로 설명했다. 마누티우스의 인쇄소 같은 업체들은 새로운 시장으로 팽창할 수 있는 기회가 생기면서 인쇄업자, 금융가, 작가의 국제적인 공동체를 만들어냈다.

인쇄술은 또한 지식 그 자체가 이해되고 전달되는 방식을 변화시켰다. 필사본은 유일무이해서 똑같은 것을 다시 만들어낼 수 없는 물건이다. 그러나 인쇄술은 표준 판형과 활자로써 같은 책을 대량으로 재생산할 수 있다. 이는 멀리 떨어져 있는 두 명의 독자가 똑같은 책을 가지고 특정한 쪽에 있는 특정 단어에 관해서도 논쟁을 벌이고 서로 비교할 수 있다는 것을 의미했다. 일관성 있게 쪽수를 매기고, 색인을 달고, 알파벳 순서로 정렬하고, 참고문헌을 수록하면서(이 모든 것들은 필사본에서는 생각도 할 수 없었다), 지식 그 자체의 모습이 서서히 좀더 보기 좋게 바뀌어갔다. 원문 고증은 이전의 성과가 누적되어야 하는 학문이다. 말하자면, 학자들은 아리스토텔레스의 『정치학』 같은 필사본들을 모으고 확인할 수 있는 모든 사본들을 비교하여 신뢰할 수 있는 표준 판본을 인쇄할 수 있었다. 이는 신판이나 개정판 출간 움직임으로 이어졌다. 출판업자들은 이미 수집된 한 저자의 작품들에 새로운 발견 사항과 교정 사항을 포함시킬 수 있다는 사실도 깨달았다. 이는 지적 정밀성을 추구하는 일이었을 뿐만 아니라, 상업적으로도 수익성이 매우 높은 일이었다. 사람들은 자신들이 이미 갖고 있는 책이라도 새로운 판본을 구입하고 싶은 충동을 느꼈기 때문이다. 언어와 법학 같은 분야의 선도적인 참고서들과 백과사전들은 알파벳과 연대순이라는 새로운 방식으로 지식을 재배열하기 시작했다.

인쇄소들은 글로 된 문서만 출판했던 것이 아니었다. 인쇄술의 혁명적 영향의 한 부분은 윌리엄 아이빈스가 '정확히 복사할 수 있는 그림 기록'이라고 불렀던 것을 고안해냈다는 것이었다. 목판, 나중에는 보다 정교한 동판 음각 기술을 이용할 수 있게 되면서 지도, 과학 도표와 도형, 건축 설계도, 의학 해부도, 만화, 종교화의 표준화된 이미지를 대량으로 유포할 수 있게 되었다. 사회 계급의 최하층에서 시각적으로 눈길을 끄는 인쇄된 이미지는 글자를 읽을 수 없는 사람들에게 지대한 영향을 미쳤다. 특히 종교적 목적으로 이용될 때 그러했다. 또 다른 극단에서도 큰 변화가 나타났다. 재생산할 수 있는 이미지의 출현이 지리학, 천문학, 생물학, 해부학, 수학 같은 과목들의 연구를 혁명적으로 발전시켰기 때문이다. 인쇄술의 발명은 소통 혁명을 촉발했다. 그것의 영향은 수 세기 동안 지속되었고, 이는 인터넷의 발전과 정보 기술의 혁명에 비견될 수 있을 터였다.

인문주의자와 인쇄술

인문주의자들은 자신들의 주장을 확산시킬 수 있는 인쇄술의 힘을 일찌감치 깨달았다. 북유럽의 저명한 인문주의자였던 로테르담 출신의 데시데리위스 에라스뮈스(1466~1536)는 자신만의 독특한 인문주의를 확산시킬 수 있는 방편으로, 그리고 '인문주의의 황태자'로서의 자기 모습을 표현하는 과정에서 인쇄술을 사용했다. 초창기 인문주의자들이 기독교보다는 고전고대의 이교도 작가들에게 더 많은 관심을 보인다는 비난에 대응하는 의미에서 에라스뮈스는 성경을 번역하고 주석을 다는 일에 착수했다. 그 결과 라틴어 성경에 맞서는 그리스어 신약 성경을 출판했다(1516). 『키케로주의자』(1528)에서 에라스뮈스는 자신의 북유럽 인문주의 경향을 '야만적'이라고 규정하는 이탈리아 인문주의자들을 논박했다. 이 책에서 그는 키케로주의적인 인문주의자들이 구사하는 라틴어풍 수사법의 빈약함을 풍자하고, '키케로주의자들의 첫번째 관심은 기독교의 신비를 이해하는 것이어야 했고, 그들은 키케로가 철학자들의 저서에 헌신했던 것만큼의 열정을 가지고 성서를 펼쳐봤어야 했다'고 주장했다.

에라스뮈스는 개인의 신앙심을 강조하던, 그리스도에게 초점을 맞춘 철학이라는 뜻의 그리스도의 철학(*philosohia Christia)*과 고전시대의 윤리 교육에 대한 그의 해석을 융합하고자 애썼다. 이 외에도 그는 엄청나게 많은 글을 내놓았는데, 세네카와 플루타르코스를 비롯한 고전 저서들의 번역과 주석, 라틴어 속어 모음집, 언어와 교육에 관한 논문, 유럽 전역에 흩어져 있는 여러 친구, 인쇄업자, 학자, 정치가에게 보낸 편지들이 그것이다. 그의 저작 가운데 오늘날 가장 널리 읽히는 책은 그의 냉소가 가득 담긴 『우신예찬』(1511)이다. 이 책은 교회의 부패와 안일에 대한 비판이라는 측면에서 특히나 가차 없었던 '통렬한 풍자서'다. 그에게 교회는 '사람들을 가르치는 것은 고된 일이고, 기도는 지루하며, 눈물은 미약하여 여자들이나 흘리는 것이고, 가난은 모멸적이고, 굴종은 수치스럽다'고 믿는 집단으로 여겨졌을 뿐이다.

에라스뮈스는 지속 가능한 학문 공동체를 세우고 교육 방법론을 다듬는 일에 엄청난 지적 에너지를 쏟아부었다. 그리고 그 중심에는 인쇄된 그의 글들과 최고의 '문필가'라는 지위가 자리하고 있었다. 인쇄술은 에라스뮈스의 지적 경력을 만들어내는 데 중요한 역할을 했다. 에라스뮈스는 심지어 자신의 초상화를 널리 유포하기 위해서도 인쇄술을 이용했다. 실제로 1526년 뒤러는 에라스뮈스의 모습을 판화로 제작하기로 했다. 에라스뮈스와 뒤러는 이 새로운 인쇄 기술을 이용하여, 서재에서 인쇄된 책에 둘러싸인 채 편지를 쓰고 있는 인문주의 학자의 강렬하고 기념비적인 이미지를 널리 확산시켰다. 이는 뒤러가 그리스어로 그림에 새겨넣은 글이 의미하듯이 에라스뮈스의 영속적인 명성을 대표한다. '더 나은 그의 초상화는 그의 작품들이다.'

1512년에 에라스뮈스는 『풍부함에 대하여De Copia』라는 저서를 출간했다. 우아한 라틴어 표현을 연습시켜주는 이 교과서는 그의 저작들 가운데 가장 큰 영향력을 발휘했다. 이 책에서 가장 유명한 부분은 '살아 있는 한, 나는 당신에 대한 기억을 간직할 것입니다'라는 문장을 표현하는 200가지 방법을 소

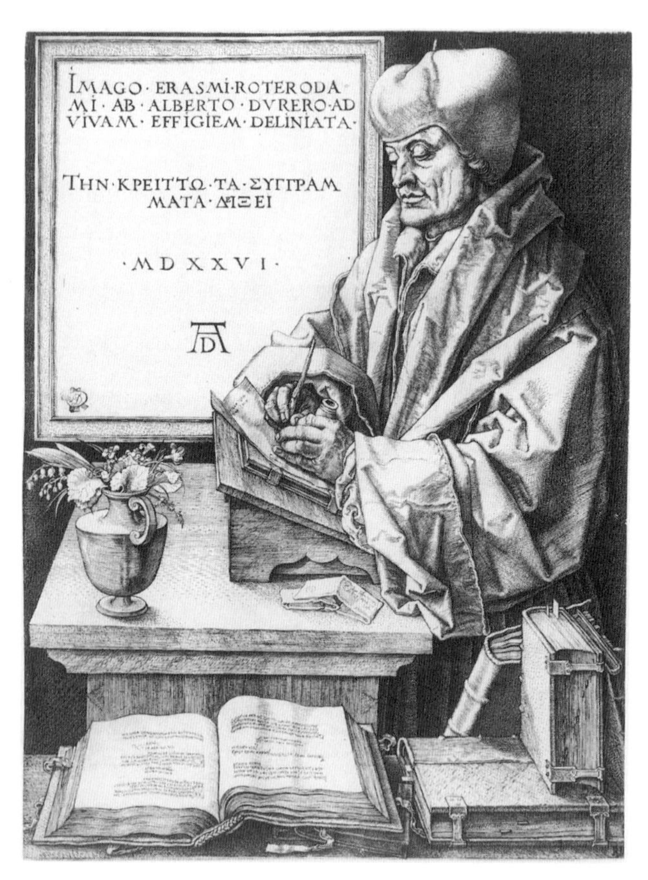

7. 1526년에 제작된 뒤러의 에라스뮈스 초상화는 위대한 인문주의 지식인으로서 에라스뮈스의 명성을 드높였다.

개하는 대목이다. 에라스뮈스는 런던의 성 바울 학교 총장이었던 존 콜레트를 위해 『풍부함에 대하여』를 썼다. 콜레트에게 바치는 헌사에서 에라스뮈스는 '『풍부함에 대하여』가 소년들이 읽기에 적당하므로 새로 저술한 이 해설서 두 권을' 채택함으로써, '귀 학교의 교육 역량에 문필 분야에서나마 작은 기여를 할 수 있기를' 바란다고 적었다. 『풍부함에 대하여』의 다음 권들은 영향력 있는 유럽의 학자들과 후원자들에게 헌정되었다. 이 책이 런던에서뿐만 아니라 유럽 전역의 교실에서 사용되게 하기 위해서였다. 에라스뮈스에 따르면 배움과 삶의 완전히 새로운 방식을 홍보하기 위해 인쇄술을 이용함으로써 15세기 인문주의의 학구적인 성취를 확장할 필요가 있었다. 에라스뮈스는 또한 인문주의가 교육과 종교를 개혁할 뿐만 아니라 정치권력의 환심을 살 필요도 있다고 생각했다. 1516년에 『기독교 군주의 교육』을 쓰고 미래의 신성로마제국 황제인 카를 5세에게 헌정했던 것도 이러한 이유에서였다. 이 책은 어린 군주를 위한 지침서였다. 어떻게 해야 '자유롭고 의지가 굳은 신민들에 대한 절대적인 지배'가 가능한지를 보여주고, 철학과 수사학에 능통한 사람들로부터 교육을 받고 충고를 들어야 할 필요성을 설명했다. 달리 말하자면, 에라스뮈스는 어린 군주의 참모나 홍보 전문가 같은 공직에 도전하는 중이었다. 그러나 카를 5세가 그의 지침을 따랐는지는 모르지만,

그에게 어떠한 자리도 주지 않았던 것은 분명하다.

이에 대한 에라스뮈스의 반응은 카를 황제의 정치적 경쟁자인 헨리 8세에게 『기독교 군주의 교육』의 사본 한 부를 보낸 것이었다. 1517년에 쓰인 헌사에서 에라스뮈스는 헨리 8세를 '꽤 많은 시간을 독서하는 데 쓰려고 애쓰는' 왕으로 칭송했으며, 이런 습관이 그를 '더 좋은 사람, 더 좋은 왕'으로 만들어줄 것이라고 적었다. 에라스뮈스는 헨리 8세에게 인문주의가 그의 왕국을 운영하는 가장 좋은 길을 제시할 것이며, 그것이 왕을 더 좋은 사람으로 만들어주고 정치적 목적을 이루기 위해 필요한 기술을 제공할 것이라고 설득했다. 중요한 것은 에라스뮈스가 카를 5세와 헨리 8세 둘 다에게 같은 책을 헌정하는 일에 아무런 문제가 없다고 느꼈다는 점이다. 그는 두 군주가 그들이 추구하는 정치적 주장이 무엇이건 그것을 이루기 위해서는 자신의 수사학적 기술을 이용할 수밖에 없다는 걸 알게 되리라고 생각했다.

인문주의와 정치

에라스뮈스 시대의 사람들은 정치 이론과 인문주의 역사에서 가장 영향력 있는 책 두 권의 탄생을 목격했다. 그것은 바로 니콜로 마키아벨리의 『군주론』(1513)과 토머스 모어의 『유토피아』(1516)였다. 오늘날 이 책들은 어떻게 하면 정치권력을 유지하고 이상 사회를 만들 수 있는지에 대한 시대를 초월하는 고전으로 읽히고 있다. 두 책은 또한 16세기 전반기에 인문주의와 정치의 관계에 관한 두 저자의 경험이 낳은 특별한 결과물이었다.

마키아벨리의 책은 1512년 피렌체 공화국이 무너지고 메디치 가문이 다시 권좌로 돌아오면서 저술되었다. 마키아벨리는 해임되기 전까지 14년 동안 공화국을 위해 일했고 복귀한 메디치 가문에 의해 잠깐 동안 수감 생활을 했다. 『군주론』의 저술 의도는 자신의 경험에 비추어 '군주가 다스리는 정부에 관해 논의하고 통치 규칙들을 정하기' 위한 것이었다. 그다음에는 통치자들이 권력을 어떻게 획득하고 유지해야 하는가에 관한 충격적인 설명이 이어졌다. 만일 자신의 제안이 '교묘하게 잘 시행된다면, 새로운 지배자는 권좌에 잘 정착할 수 있을 것이며, 그의 권력은 빠른 속도로 보다 더 안전해질 것'이라고 마키아벨리는 결론 내렸다. 마키아벨리는 인문주의 교육과 직접적인 정치 실무 경험을 바탕으로 당대의 정치적 사건들뿐만 아니라 고전 저자들의 저서에 기반한 일련의 악명 높은 견해들을 내놓았다. '권력을 유지하고 싶다면 통치자는 부도덕하게 행동할 마음을 먹어야 한다.' 정치권력을 유지하려는 생각이 있다면, '매우 가식적인 최고의 위선자가 되어야 하고',

'기만적으로, 냉혹하게, 비인간적으로 행동하고, 종교적 계율을 무시할' 준비가 되어 있어야 한다.

마키아벨리의 책은 정치계 입문을 위한 제안서였다(마키아벨리의 경우에는 재입문). 『군주론』은 피렌체의 새로운 독재자 줄리아노 데 메디치에게 헌정되었고, 저자는 이것이 '기꺼이 각하를 섬길 만반의 준비가 되어 있음을 보여드리는 증거'라고 언급했다. 마키아벨리는 그의 편지에서도 '메디치 가문의 통치자들이 나를 기용하지 않을 수 없기를 바라는 마음'을 드러냈다. 『군주론』은 어떻게 해야 절대적인 권력을 유지할 수 있는지에 대해 메디치 가문에 조언하기 위해 기획된 것이었다. 마키아벨리가 새로운 통치자에게 권력을 유지하는 방법에 관한 가장 설득력 있고 현실적인 설명을 제공함으로써, 르네상스 인문주의는 정치적으로 논리적인 결론에 다다랐다. 마키아벨리의 인문주의는 독재정치든 민주주의든 모든 정치 이데올로기는 위정자의 통제하에 있어야 한다는 주장을 세상에 내놓았다. 마키아벨리에게 비극은 메디치 가문이 그의 충성맹세를 받아들이지 않았다는 것이다. 그는 다시는 공직에 나아갈 수 없었고, 『군주론』은 1527년 그가 사망할 때까지 간행되지 못한 채로 남아 있었다.

토머스 모어의 『유토피아: 가장 좋은 상태의 국가와 새로운 섬 유토피아에 관하여』 역시 저자의 공직 경력과 밀접하게 연결되어 있었다. 에라스뮈스의 친한 친구이자 법률과 그리스어에서 특별한 재능을 보였던 토머스 모어는 루키아노스의 작품을 번역했고, 영어와 라틴어로 시를 썼다. 1517년에는 헨리 8세의 하원에 입성했고 1529년에는 대법관으로 임명되었으며, 그러는 동안 헨리 8세의 정치적 · 신학적 목적의 많은 글들을 작성했다. 토머스 모어는 교양 있는 인문주의자에 관한 키케로식 비전, 즉 개인적인 철학적 성찰과 공적인 연설을 할 수 있는 능력을 겸비하고 정치와 외교라는 공직 세계에 참여하는 인물의 전형이었다.

이런 섬세하게 균형 잡힌 언행이 『유토피아』에 깊이 스며 있다. 이 책은 이상적인 국가에 대한 플라톤의 논문 『국가』를 그대로 모방하여, 학식 있는 사람들이 라틴어로 대화하는 형식으로 구성되었다. 이 책은 토머스 모어가 헨리 8세의 외교 대표로서 안트베르펜에서 활동하는 모습으로 시작된다. 토머스 모어는 지인으로부터 유토피아라는 이상적인 섬에서 이제 막 귀환한 모험가 라파엘 히슬로다에우스를 소개받게 되었다. 히슬로다에우스는 유토피아라는 이상적인 '공화국'에 대해 상세하게 설명했는데, 그곳에서는 '모든 것이 공동의 소유였고', '거지도 없었으며', 이혼이나 안락사, 공공의료는 당연한 것으로 여겨진다는 내용이다.

토머스 모어는 자신이 만들어낸 이상 사회에 관한 전망을 믿었을까? 그가 유토피아에 대해 이중적인 태도를 보였다고 믿을 만한 여러 가지 이유가 있다. 먼저 '유토피아'는 '좋은 곳'과 '존재하지 않는 곳'이라는 뜻 모두를 가진 단어로서, 그리스어를 가지고 만든 말장난에 가까운 언어적 발명품이었다. 히슬로다에우스라는 이름 역시 '허풍쟁이'를 의미했다. 토머스 모어는 유토피아의 '법과 관습' 가운데 많은 것들이 정말로 터무니없다고 생각했으나, '유토피아 공화국은 우리 사회에서 보고 싶었던 많은 특징들을 갖고 있다'고 고백했다. 이는 토머스 모어가 상상의 사회에 대해 조건부 지지를 보냈음을 뜻한다.

책 전반에 걸쳐 토머스 모어는 사유재산이나 종교적 권위의 문제로부터 공직의 문제와 철학적 사색에 이르기까지, 정치적으로 논란이 될 만한 모든 문제들에 대해 동의하기를 거부하거나 거절했다. 이는 그가 결정을 내릴 수 없었기 때문이 아니라, 정치적으로 특정한 입장을 지지하는 것으로 보여서는 안 되었기 때문이다. 노련한 정치 고문으로서, 토머스 모어는 공직을 수행하는 일에서 서로 양립할 수 없거나 모순되는 진술과 믿음을 정당화하는 데 자신의 수사적 기술을 보여주어야 했다. 유토피아는 이 특별한 세계와 관련된 수많은 문제들에 관해 논쟁을 벌일 수 있는 무대였다. 그의 해석에 문제가 제기되면, 그는 항상 그 반대 입장을 찬성했다고, 혹은 유토피아는 결국, 단순히 만들어낸 것으로 아무데도 존재하지 않는다고 둘러댈 수 있었다.

유토피아는 논란을 불러일으킬 만한 다양한 문제들에 관해 유려하게 대화를 나눌 수 있는 토머스 모어의 능력을 널리 알렸다. 그런 문제들은 그를 고용한 사람에게 영향을 줄 수 있었고, 이를 통해 토머스 모어는 그런 사람들에게 조언할 수 있기를 기대했다. 마키아벨리와는 달리 토머스 모어는 『유토피아』를 그의 공직 경력의 정점에서 썼고, 따라서 내심으로는 훨씬 더 신중을 기해야 했고, 정치적으로도 유연해야 했다. 이것이 그 주장과 『유토피아』의 문체가 왜 그토록 모순적인지에 대한 이유다. 공직에서 쫓겨난 마키아벨리는 『군주론』에서 훨씬 덜 모호하게, 훨씬 더 정치적으로 정치와 권력에 관한 현실적인 설명을 제시할 수 있었다. 토머스 모어가 헨리 8세의 이혼 지지를 거부한 것은 원칙에 입각한 윤리적 입장이었다기보다는 종교를 이유로 한 정치적 오판의 결과였고, 이로 인해 결국 그는 사형을 당했다. 그의 『유토피아』와 마키아벨리의 『군주론』은 르네상스 인문주의자의 정치적 기회주의를 잘 보여준다고 하겠다.

페트라르카로부터 토머스 모어에 이르기까지 르네상스 인문주의는 누군가를 따르는 것이 정략적으로 유리해 보이면 누구나 섬기는 유연성을 보여주었다. 이것이 다양한 범주의 근대 정치철학 유파들이 너 나 할 것 없이 『군주론』이나 『유토피아』 같은 책들이 권력과 권위에 대한 자신들의 입장을 옹호한다고 주장했던 이유다. 르네상스 인문주의는 근대 인문학에 계속해서 강력한 영향력을 행사했다. 그러나 이 장에서 계속 주장해왔듯이, 인문주의는 흔히 말하는 것처럼 인간성에 대한 이상화된 예찬이 아니었다. 그것은 노골적인 실용주의였다. 따라서 르네상스 인문주의의 유산은 많은 사람들이 믿어왔던 것보다 훨씬 더 이중적이고 양면적인데, 부분적으로 이는 그들의 수사학적 언변이 너무나 매력적이었던 데서 비롯되었다.

제 3 장

교회와 국가

1435년 인문학자 로렌초 발라가 나폴리에 도착했다. 장차 아라곤의 국왕이 될 알폰소를 위해 일하기 위해서였다. 당시 알폰소는 교황 에우게니우스 4세와 나폴리의 소유권을 두고 정치적인 갈등에 빠져 있었다. 발라는 자신의 새로운 급료 제공자와 직접 정치적으로 관련된 문서인 「콘스탄티누스의 기진장寄進狀」에 대한 연구에 들어갔다. 「기진장」은 로마 가톨릭교회의 근간이 되는 문서 가운데 하나였다. 이 문서는 4세기에 콘스탄티누스 황제가 발급한 허가장으로서, 이 문서에 입각하여 교황에게 광범위한 황제권과 영토권이 부여되었다고 여겨졌다. 그것은 교황의 세속적인 권위 주장에 대한 가장 강력하고 설득력 있는 증거들 가운데 하나였다. 그런데 로렌초 발라는 이 「기진장」이 위서임을 폭로했다. 수사학, 철학, 문헌학 분야에서의 인문학적 역량을 동원하여 그는 역사적 시대착오, 문헌학적 오류, 논리적 모순이 「기진장」이 8세기에 위조된 것임을 보여준다고 주장했다.

발라의 능숙한 문헌 분석은 '「기진장」이 위조품이라는 것을 몰랐거나 그것을 자신들이 위조했다는 사실을 몰랐던' 로마 교회와 교황들에 대한 준열한 공격으로 이어졌다. 그는 '이 모든 것을 살인, 재앙, 범죄와 동일시하면서' 이들을 기독교의 명예를 실추시킨 사람들이라고 비난했다. 발라는 「기진장」의 부정확하고 시대착오적인 라틴어를 비웃고는 다음과 같은 수사학적 질문을 던졌다. '교회가 그런 엄청난 범죄의 원인이고 그토록 크고 다양한 죄악들의 기원이라는 것을 알면서도 우리는 그런 교황권의 원리를 옹호할 수 있을까?' 이러한 수사학적으로 유려한 독설은 다음과 같은 교황의 황제권 주장에 대한 공격으로 끝을 맺었다. '교황은 「기진장」의 다른 부분들을 복구하기 위해 선량한 사람들로부터 사악하게 강탈한 돈을 더욱 사악하게 쓰고 있다.' 국왕 알폰소는 발라의 「기진장」에 대한 공격에 크게 만족하고 나폴리 왕국을 수호하려는 시도에 이 주장을 이용함으로써 교황청의 일사불란한 반대에도 불구하고 성공적으로 나폴리 왕국을 지켜낼 수 있었다.

발라의 폭로 사건은 르네상스 시대의 종교, 정치, 학문 사이의 관계에서 등장한 새로운 국면을 적나라하게 보여주었다. 군주국과 같은 정치 조직들이 등장하면서 정치 구조를 조직하고 교회 같은 조직들의 권위에 성공적으로 도전하기 위한 새로운 지적 · 행정적 기술들이 필요해졌다. 이후 교황 마르티누스 5세가 발라를 교황 서기로 임명한 사실은 「기진장」을 폭로한 그의 전력에 비추어 이례적인 일로 비칠지도 모르겠다. 그러나 그것은 그러한 학자들에 대한 교회의 태도를 잘 보여준다(모르는 악마보다 아는 악마가 나은 법이다). 그것은 또한 발라처럼 정치적으로 전략적인 인문주의자들이 새로운 기회가 찾아왔을 때 그 기회를 잡을 준비가 얼마나 잘되어 있었는지를 보여준다.

이 사건으로 우리는 르네상스 시대의 종교와 정치의 복잡한 관계를 이해할 수 있다. 1400년과 1600년 사이에 종교적 믿음은 일상생활의 한 부분이었다. 또한 정치권력, 국제 금융, 학문과 예술로부터 종교를 분리하는 것도 불가능했다. 가톨릭 교회는 이 시기 내내 세속적 권력과 영적 권력 둘 다를 주장했기 때문에 끊임없는 갈등과 반대 그리고 분열에 직면해야 했다. 이러한 경향은 로마 교회의 역사에 가장 큰 위기를 만들어내면서 16세기 내내 북유럽을 휩쓸었던 종교개혁으로 정점에 이르렀다. 16세기 중반 가톨릭측의 종교개혁은 교회를 영속적으로 변모시켰고, 마르틴 루터가 이끄는 프로테스탄트 종교개혁과 함께 오늘날과 같은 기독교 세계의 전반적인 모양을 만들어냈다. 종교개혁은 또한 유대교와 이슬람교라는, 성서를 공유하는 다른 두 개의 큰 종교와 기독교의 관계에서 복잡한 문제를 제기했다. 유대교와 이슬람교 둘 다 기독교에 대한 그들 종교의 신학적 우월성을 주장했고, 이슬람의 경우에는 16세기 기독교 교회의 분열을 재빨리 이용했다. 르네상스 시대에 종교는 지속적인 위기 상태를 경험했다. 이 시기의 의심과 근심 그리고 내적 성찰은 근대적인 사고와 주체성의 초석이 되었는데, 그 기원을 1400~1600년의 종교적인 동요에서 찾아볼 수 있다.

이 시대의 종교 권력을 변모시킨 또다른 발전은 새로운 형태의 정치권력이 등장했다는 것이다. 15세기 말부터 정치는 많은 사람들의 일상생활을 점점 더 강하게 통제하게 되었다. 15세기의 불균등한 상업적 · 도시적 팽창에 수반된 부와 행정적 혁신이 이런 중대한 정치적 격변과 팽창의 조건들을 만들어냈다. 피렌체와 베네치아 같은 이탈리아 도시들은 공화주의적인 정부들을 실험했고, 밀라노, 나폴리, 우르비노와 페라라의 궁정은 소규모 공령 체제로 지배했다. 북유럽에서는 백년전쟁 이후의 평화와 번영이 프랑스와 저지대 국가들에 부와 권력을 집중시켰고 합스부르크 제국을 낳았다. 동쪽으로는 오스만 제국이 세계적인 제국적 권력의 본보기가 되어 다른 모든 국가들의 도전 대상이 되었다. 16세기 중반에 이르러, 유럽은 군주정과 제국들—프랑스, 포르투갈, 에스파냐, 오스만—의 지배를 받게 되었다. 이러한 정치권력의 등장은 교회의 세속 권력을 그만큼 잠식해나갔다.

15세기 초 가톨릭교회는 위기에 빠졌다. '가톨릭'이라는 단어는 '보편적'이라는 그리스어에서 온 말이었다. 그러나 1400년에 이르면 교회는 결코 보편적인 것처럼 보이지 않았다. 교회는 1054년에 이미 서방의 로마 교회와 콘스탄티노플에 기반을 둔 동방정교회로 갈라지는 분할을 경험했다. 이후 3세기 동안 서방 교회는 내부와 외부의 반대 세력에 맞서 신학적이고 제국적인 권위를 세우기 위해 싸웠다. 교황은 성서적 권위를 가지고 지상에서 그리스도의 대리자로서 세속적인 문제에 대한 정치적 영향력을 주장했다.

14세기 내내 교황권은 로마와 프랑스 아비뇽에서 스스로 교황임을 자처하는 경쟁자들 사이에서 분할되었다. 가톨릭교회의 분열이 계속되자, 양측의 반체제적인 추기경들이 종교회의(공의회) 중심의 교회 통치 이론을 제기하게 되었다. 이러한 상황은 대립 교황들에 대해 종교회의가 집단적인 권위를 갖도록 만들었다. 1414년 고위 성직자들이 분열을 종식하기 위해 콘스탄츠 종교회의에 모였다. 종교회의는 '어떤 지위와 어떤 신분의 사람이든 간에 교황을 포함한 모든 사람은 신앙, 분열의 종식, 신의 교회의 개혁과 관련한 문제에서 종교회의에 복종해야 한다'고 공표했다. 이러한 선언에 의거하여 종교회의는 거의 한 세기 만에 처음으로 가톨릭 세계의 유일한 교황으로 마르티누스 5세를 옹립했다.

동방교회와의 통합

콘스탄츠 종교회의는 의도치 않게 교황의 전제적인 권력을 강화했다. 교황 마르티누스 5세와 그의 계승자인 에우게니우스 4세 둘 다 로마 재건과 동방정교회와의 통합이라는 야심찬 계획에 착수하면서 자신들의 권위를 공고히 했다. 1437년 에우게니우스는 동방정교회와 서방 가톨릭교회의 통합을 논의하고 교황의 권위를 제한하려는 종교회의에서 벗어나기 위해 피렌체 종교회의를 소집했다. 1438년 2월 비잔틴 황제 요한네스 8세 팔라이올로고스가 정교회의 수장인 요제프 2세를 포함한 700명의 그리스인 수행단을 대동하고 피렌체에 도착했다. 그리스인 대표단뿐만 아니라 트레비존드, 러시아, 아르메니아, 카이로, 에티오피아에서도 대표단들이 도착했다. 표면상 종교와 관련된 르네상스 시대의 다른 수많은 교류들과 마찬가지로 동과 서의 이 중대한 공식적 만남은 정치적으로나 문화적으로나 큰 의미를 갖는다. 요한네스 8세는 급부상하는 오스만 제국에 맞서 비잔틴 제국의 붕괴와 콘스탄티노플의 함락을 막기 위한 유일한 현실적 해결책으로서 동방교회와 서방교회의 통합을 제안했다. 교황은 이탈리아 전역으로 자신의 정치력을 확장할 수 있는 방도로서의 두 교회의 통합을 열렬히 지지했다.

공식적인 종교회의 업무는 접어둔 채 양측의 협상 대표들은 상대방의 지적 · 문화적 업적들을 탐색하느라 여념이 없었다. 그리스인들은 브루넬레스키의 건축물, 도나텔로의 조각상, 마사초와 프라 안젤리코의 프레스코화에 감탄했다. 피렌체인들은 요한네스 8세와 그를 수행한 학자들이 콘스탄티노플에서 가져온 진귀한 고전 컬렉션에 경탄을 금치 못했다. 컬렉션에는 플라톤, 아리스토텔레스, 플루타르코스, 에우클레이데스, 프톨레마이오스의 필사본과, 질투심에 사로잡힌 한 학자에 따르면 이곳 이탈리아에서는 '접근할 수조차 없는' 다른 고전 문헌들도 포함되어 있었다. 이집트 대표단은 10세기에 아랍어로 필사된 복음서를 교황에게 선사했고, 아르메니아 대표단은 몽골, 기독교, 이슬람의 유산이 혼합되어 있는 13세기의 아르메니아 교회에 대한 채색 필사본을 가져왔다. 에티오피아 대표단 역시 북동 아프리카 전역의 교회에서 사용된 에티오피아어로 된 15세기의 시편을 돌렸다.

회의가 끝난 후 20년이 지난 뒤, 베노초 고촐리는 메디치

궁에서 프레스코화를 완성했다. 동방교회와 서방교회를 한데 모으는 데 큰 역할을 한 메디치를 기리기 위한 것이었다. 고촐리의 프레스코화에서는 요한네스 8세, 요제프 2세, 로렌초 데 메디치가 세 명의 동방박사로 그려졌다. 여러 가지 정치적인 이유에서 로렌초의 선조인 코시모 데 메디치가 회의 전반을 재정적으로 지원했다. 메디치 가문은 1430년대 내내 콘스탄티노플로 통하는 상업로에 관해 협상해왔다. 그러나 합의는 코시모 데 메디치가 피렌체 종교회의 내내 보여준 아낌없는 환대에 대한 요한네스 8세의 감사의 표시로 1439년 8월에야 도출될 수 있었다. 그런데 코시모 데 메디치의 재정적 지원이라는 교회의 선업을 위한 성스러운 행동은 교묘한 속임수였다. 교황 에우게니우스는 메디치 가문에 훨씬 더 큰 빚을 지게 되었고, 고촐리의 프레스코화는 이 사실을 명확하게 보여주었다. 메디치 가문은 두 교회를 통합시키는 데 자신들이 했던 역할을 교황의 중재 역할보다 훨씬 더 중요하게 바라본 것이다.

1439년 7월 6일 마침내 두 교회 사이의 통합을 위한 합의서가 조인되었다. 통합령은 '동방교회와 서방교회를 갈라놓았던 벽이 허물어지고 평화와 화합의 시대가 도래했다'고 자축했다. 그러나 기쁨의 시간은 짧았다. 대표단이 콘스탄티노플로 돌아가자마자 통합은 민중들에 의해 거부되었고 동방교회 신자들은 봉기를 일으켰다. 이탈리아 국가들 역시 오스만 제

8. 베노초 고촐리의 프레스코화, 〈동방박사의 경배〉. 이 작품은 동방교회와 서방교회를 통합한 공훈을 가로채려는 메디치 가문의 예술적 시도였다.

국과의 전쟁에 처한 비잔틴 제국을 돕기 위한 군사적 원조 제공을 계속 거부함으로써 통합에 대한 불편한 심기를 드러냈다. 1453년 5월 메흐메트 2세에게 콘스탄티노플이 함락되면서 통합은 피투성이의 수치스러운 최후를 맞이했다.

피렌체 종교회의는 르네상스의 본질이 밝혀지는 결정적인 순간이었다. 그것은 종교적인 정상회담으로서는 실패였다. 동방교회와의 통합을 통해 자신의 지상권을 공고히 하려던 교황의 소망이 수포로 돌아갔으니 말이다. 그러나 정치적 · 문화적 사건으로서는 대성공이었다. 이탈리아 국가들에는 약화된 교황권에 도전하여 동방과의 상업적 관계를 강화할 수 있는 계기가 되었다. 지배적인 가문들은 통합령을 도출해내는 데 기여한 메디치 가문의 탁월한 능력을 주장했던 고촐리의 프레스코화처럼 호화로운 예술 작품들을 통해 종교회의에서 자신들의 역할을 교묘하게 조작할 수 있었다. 문화적으로는, 종교회의를 통해 고전 문헌과 사상, 예술 작품이 동에서 서로 전달되며 15세기 후반 이탈리아의 예술과 학문 연구에 결정적인 영향을 미쳤다는 점을 이야기할 수 있다.

미사

규칙적으로 교회에 가고 스스로를 기독교인이라고 생각하

는 유럽 전역의 수백 만 명에게 종교적 의례들은 일상적 삶에서 어떤 현실적 의미를 갖고 있었을까? 교황권이나 문헌 해석에 관한 논쟁들이 이 많은 사람들에게 대체로 큰 충격을 주었을 리는 없다. 교회는 대부분의 사람들에게 일상적 삶의 한 부분을 이루고 있었다. 이는 성스러운 것과 세속적인 것 사이의 구분이 종종 모호했음을 의미한다. 교회는 축제, 정치적 회합, 회식, 말 거래를 위해 사용되었고, 심지어는 상인들의 상품과 사치품을 보관하는 곳으로도 이용되었다. 성직자는 어디에든 있었다. 1550년경 피렌체는 6만 명의 인구 가운데 성직자가 5000명이 넘는다고 자랑했다. 제대로 된 교육을 받지 못하고, 급료도 형편없었던 그들은 종종 석공, 말 중개인, 소 거래상으로 일하고 있었던 것으로 확인되며, 연인과 자식을 둔 성직자도 있었고, 무기를 휴대하기도 했다.

이론적으로 가톨릭교회는 인간의 몸으로 지상에 나타난 그리스도의 역할을 맡았다. 교회는 신과 개인을 중개했고, 오직 교회만이 성사—세례, 견진, 성체, 고해, 서임, 혼인, 병자—를 통해 신의 은총을 나눠줄 책임이 있었다. 화체설(化體說)에 따르면, 성직자는 성체식에 사용되는 빵과 포도주를 그리스도의 실제 몸과 피로 변화시키는 기적 같은 (마법이라고도 할 수 있는) 권능을 지니고 있었다. 교회와 성직자의 중개가 없다면 개인은 신과 어떠한 접촉도 할 수 없었다. 성사를 집전하면서 성직자만이 평신도가 신과 직접 접촉하도록 이끌 수 있었다. 바로 이러한 중개 능력이 교회를 그토록 강력한 기구로 만들었다.

실제로 종교적 의례들 가운데 가장 열렬히 대중의 관심을 끌었던 것은 한 역사가가 '신에 대한 열광'이라 불렀던 것이었다. 성사의 '기적'은 종종 마법적 행위로 해석될 수 있었고, 성유물, 성자, 성화상에 대한 열렬한 숭배로부터 성수, 성체, 성유를 미신적으로 사용하는 다양한 민중 의례들이 성행했다. 그러한 마법적 의례는 종교적 교리에 어긋나는 것이었지만, 교회 당국은 교회와 성직자의 신비한 힘을 유지하기 위해 그러한 위반에 대해 종종 눈을 감았다.

대부분의 사람들에게 교회는 완고한 신학적 신념 체계라기보다는 일상을 살아가는 의식적 절차의 제공자였다. 세례, 견진, 혼인, 병자 성사는 개인의 일생에서 중요한 순간들을 통과하는 의식이었던 것이다. 그 결과 많은 사람들은 1년에 한두 번만 교회에 갔다. 궁정의 기록을 보면 놀라울 정도로 미사 참석률이 낮았으며 더불어 기독교의 기본적인 사항에 대해 사람들이 심각할 정도로 무지했음을 알 수 있다. 한 영국인 설교자는 성부와 성자와 성령에 관한 질문에 대해 "아버지와 아들은 내가 그들의 양을 돌보기 때문에 잘 아는데, 세번째 친구는 잘 모르겠어요. 우리 마을에는 그런 이름을 가진 사람이 없습니다"라고 대답했다는 양치기의 일화를 들려주었다. 이러한 태도는 좋게 말하면 종교적 무관심과 무지를 보여주는 것이고, 나쁘게 말하면 이단과 불신앙을 암시한다. 이단과 불신앙은 르네상스 시기와 그 이후 내내 다양한 형태를 띠게 된다.

1440년대에 투르네의 주교였던 장 셰브로는 미사 참석률이 저조하고 성사의 규칙이 잘 지켜지지 않는 세태를 너무나 걱정한 나머지 로히어르 판데르 베이던에게 제단화 제작을 의뢰했다. 이 제단화는 사람들에게 성사의 의례적 중요성을 일깨우기 위한 목적으로 제작되었으며 제목도 간단하게 〈7성사〉였다. 판데르 베이던의 세 폭으로 된 그림들 가운데 왼쪽 패널은 세례, 견진과 고해성사를 보여주고, 오른쪽 패널은 성직 서임, 혼인, 병자 성사를 보여준다. 중앙 패널은 가장 중요한 성사인 성체 성사를 위해 마련되었다. 성체 성사는 그리스도의 계시가 이루어지는 뒤쪽에 그려졌다. 혼란을 피하기 위해 천사들은 설명문이 적힌 깃발을 잡고 각각의 성사 위쪽에 떠 있다. 당대의 인물들과 건축물, 의복을 사용한 판데르 베이던의 세 폭짜리 제단화는 '통속화(通俗化)'라고 하는 전형적으로 르네상스적인 기법을 썼다고 할 수 있다. 또한 교회의 신비는 신자들이 쉽게 그림 이미지와 스스로를 동일시할 수 있도록 근대적인 배경 앞으로 그려졌다. 차분한 분위기로 장면을 묘사함으로써 교회 생활의 일상적인 풍경이기도 했던 거칠게

9. 로히어르 판데르 베이던의 제단화 〈7성사〉는 15세기 신자들에게 성사에 관해 가르침을 주려는 의도에서 제작되었다.

떠밀고, 물건을 팔고, 농담을 주고받고, 침을 뱉고, 욕설을 주고받고, 뜨개질을 하고, 구걸하고, 잠을 자고, 심지어는 총질하는 것과 같은 행동들은 의도적으로 그림에서 배제했다.

종교개혁

1420년 교황 마르티누스 5세가 파당적 분열을 끝내고 로마로 돌아왔을 때, '그는 이곳이 너무나 황폐해지고 쇠락해서 도시 비슷한 모습조차도 갖추지 못했다'고 생각했다. 이전 로마제국의 수도나 미래 가톨릭 제국의 수도는 꿈도 꿀 수 없었다. 이런 상황을 개선하기 위해 마르티누스와 후임 교황들은 새로이 중앙 집중을 이룬 로마 교회의 영광을 기념할 수 있도록 야심찬 재건 계획을 세웠다. 이 계획은 향후 150년 동안 로마를 건설 현장으로 변모시킬 터였다. 교황 니콜라우스 5세의 말을 빌리면, '신의 손으로 빚은 듯한 장엄한 건물들을 보면' 평신도들은 그들의 '신앙이 지속적으로 확고해지고 나날이 확증되는 것을' 알게 될 터였다. 알베르티, 프라 안젤리코, 브라만테, 미켈란젤로, 라파엘로, 보티첼리가 도시 재건 작업에 협력한 예술가들이다.

후임 교황들이 직면했던 가장 큰 문제는 4세기 중반 콘스탄티누스 대제에 의해 성자의 무덤 위에 조성되었으나 이제는

다 허물어져가는 성 베드로 대성당을 재건하는 일이었다. 앞에서 이야기했듯이, 로마는 기독교 세계의 제왕적 수도 자리를 두고 콘스탄티노플과 겨루고 있었다. 이 경쟁은 1453년 술탄 메흐메트에게 도시가 함락되자 더욱 거세졌다. 로마와 교황들은 이스탄불과 술탄들에게 뒤처지는 것을 결코 원하지 않았기 때문이다. 1506년 4월 교황 율리우스 2세는 브라만테를 건축가로 지명하고 새로운 베드로 대성당의 주춧돌을 놓았다. 카라도소가 주조한 건립 기념 메달을 보면 브라만테의 디자인 초안이 아야소피아를 얼마나 많이 본떴는지를 알 수 있다. 라파엘로, 상갈로, 미켈란젤로로 이어지며 16세기 내내 수정이 거듭되면서 오늘날의 모습과 같은 베드로 대성당이 완성되었다.

역설적이게도, 장차 가톨릭교회의 중추 집단에 도전하고 유럽의 사회적 · 정치적 풍경을 영구히 변모시킬 저항 운동을 촉발했던 것은 바로 교황의 권위를 기리는 이 기념비적인 작업을 완수하기 위한 비용이었다. 성 베드로 대성당 재건 작업이 시작되고 4년 뒤, 미켈란젤로가 시스티나 성당의 천장에 프레스코화 작업을 진행하던 1510년에 독일인 수도사 마르틴 루터가 로마에 왔다. 이때 목격했던 부패와 과시적인 소비 행태에 대한 환멸은 그가 가톨릭교회의 권력 남용에 대해 공격을 가하도록 촉발한 자극제가 되었고, 이는 1517년 10월 면

10. 카라도소의 메달은 1506년 성 베드로 대성당 재건 사업의 시작을 기념하여 제작되었는데, 이를 통해 재건될 성당의 초기 디자인이 비잔틴과 오스만의 건축 양식에서 빌려 온 것임을 알 수 있다.

벌부를 비판하는 95개 조항의 유포로 이어졌다. 그해 3월 교황은 성 베드로 대성당의 건립 자금을 충당하기 위해 면벌부를 발행했다. 면벌부는 구매자에게 죄를 속죄하기 위해 받아야 할 벌을 감면해주는 교황 문서다. 로마의 재건에 필요한 자금을 구하려는 교회의 욕구가 너무나 컸던 나머지, 면벌부는 아직 범하지 않은 미래의 죄까지 포괄하는 것으로 포장되어 사람들에게 팔려나갔다. 교회는 구원을 개인이 사고팔며 거래할 수 있도록 허가했다. 루터는 격분했다. 그는 마인츠의 대주교에게 다음과 같은 불만을 적어 보냈다.

> 성 베드로 대성당을 건립하기 위한 교황청의 면벌부가 주교 예하의 이름으로 유포되고 있습니다. 저는 사람들이 면벌부에 대해 전적으로 그릇된 생각을 하는 것이 지극히 비통합니다. 불쌍한 영혼들은 면벌부를 구입하면서 자신들이 구원받았음이 확실하다고 믿고 있습니다.

루터는 95개조에서 항의를 이어나갔고, 이는 곧 비텐베르크시 전역으로 유포되어 큰 호응을 이끌어냈다. '가장 부유한 자들보다 더 큰 부를 가진 교황께서 어찌하여 가난한 신자들의 돈이 아니라 자신의 돈으로 성 베드로 대성당을 짓지 않으시는가?' 유럽 종교개혁의 첫 총알은 이렇게 발사되었다.

신앙 전쟁

'르네상스'라는 용어와 마찬가지로, '종교개혁'은 루터 사상의 결과물들을 일컫는 소급적인 용어다. 루터는 교회를 개혁하기 위한 방법들을 생각했을 뿐이지만, 개혁은 재빨리 혁명으로 변모했다. 면벌부에 대한 루터의 항의는 곧 가톨릭교회가 기반하고 있는 모든 종교적 가정들에 대한 체계적인 거부의 형태로 구체화되었다. 루터는 개인이 신과 직접적인 관계를 맺을 수 있고, 구원을 얻기 위해 성직자나 성인의 중개 혹은 면벌부에 의존할 필요가 없다고 주장했다. 구원받기를 희망하는 각 개인은 오직 그 뜻을 헤아릴 길이 없으나 한없이 자비로운 신의 은총에 대한 절대적인 믿음을 간직할 수 있을 뿐이었다. 나약하고 죄 많은 인간이 신 앞에서 할 수 있는 것이란 없었다. 그가 할 수 있는 일이란 오직 신으로부터 하사받은 궁극의 선물인 믿음을 고수하는 것뿐이었다. 면벌부와 고해를 통해 영혼의 상태를 바꿔보려는 세속의 시도는 아무런 의미가 없었다. 루터가 결론을 내렸듯, '기독교인에게 필요한 모든 것은 믿음 속에 있다. 그 외에는 자신의 의로움을 정당화기 위한 그 어떤 노력도 필요치 않다'.

가톨릭교회의 입장에서 이 모든 것은 엄청난 의미를 갖고 있었다. 신과 개인 사이에서의 교황의 중개 역할을 인정하지 않음으로써 루터는 교황과 사제의 권능을 일거에 거부한 셈이었다. 교회의 의례를 위한 무대와 물품이 모두 거부되었고, 성직자와 평신도 사이의 구분 역시 사라졌다. 루터는 또한 성사 가운데 두 의례를 제외한 나머지 의례를 성토했다. 그는 신은 각 개인에게 직접 믿음을 부여하셨고, 성직자든 성사 의식이든 중개를 통해서 스스로를 드러내시지는 않는다고 주장했다.

루터 사상의 영향은 복잡한 양상을 보이기는 했으나 즉각적이었다. 사태에 대해 우려하기 시작한 가톨릭측이 대응 조치들을 마련하자 루터 역시 자신의 입장을 정교하게 다듬고 확장해나갔고, '루터주의'는 놀라운 속도로 북유럽 전체로 퍼져나갔다. 그리고 그것의 막대한 결과는 루터가 통제할 수 있는 범위를 넘어섰다. 그가 사망한 1546년 즈음에는 개혁 성향의 교회를 가진 시의회들이 비텐베르크, 뉘른베르크, 스트라스부르, 취리히, 베른, 바젤을 이끌고 있었다. 루터주의는 주로 가톨릭에 냉담했던 도시 평신도들 사이에서 비옥한 토양을 찾았다. 수도회와 전통적인 예배 방식은 폐지되었고, 교회 재산은 파괴되거나 몰수되었으며, 종교적 성상들은 성상 파괴 폭동에서 파괴되었다. 그 자리에 새로운 성소들과 새로운 예배 방식들이 들어섰고, 사회·정치 개혁 차원에서 이상주의적인 실험들이 시도되었다. 루터의 가르침 속에서 자신들의 불만을 정당화하는 논리들을 발견한 독일 농민들이 1524년 폭동을 일으켰다. 루터는 보다 세속적인 문제에서는 급진성의 한계를 드러내면서 이 반란을 '독약과 같이 해로운' 것이라며 경멸하고 비난했다.

루터는 자신의 많은 주장들이 갖는 지적 영향 역시 통제할 수 없었다. 1540년대에 이르러 제노바는 장 칼뱅 신학의 지배를 받게 되었다. 장 칼뱅은 인간은 신이 예정한 일에 영향을 주기에는 너무나 미력하다고 주장했다. 칼뱅에 따르면, 신은 누구를 벌하고 누구를 구원할지 이미 결정해놓았다. 영국에서는 1533년 헨리 8세의 주도로 로마와 결별하겠다는 정치적 결정이 나왔고, 그것은 결국 그때쯤이면 '프로테스탄티즘'이라고 불렸던 것으로 인해 헨리 8세의 딸 엘리자베스 1세가 파문을 당하는 사태로 이어졌다.

말씀의 인쇄

인문주의와 인쇄술은 루터의 사상이 등장하고 전파되는 데 핵심적인 역할을 했다. 루터와 그의 추종자들은 '신의 말씀'과 '성서'에만 기반을 둔 신학을 탄생시키기 위해 문헌학, 수사학 그리고 번역 분야에서 인문주의 교육을 활용했다. 루터 같은 종교개혁가들과 에라스뮈스 같은 인문주의자들을 한데 엮었던 것은 성서에 대한 치밀한 해석, 즉 주해를 시도했다는 점이었다. 이러한 시도는 기존 스콜라 사상의 무지와 미신적 행태를 폭로하기 위한 것이었다. 루터는 『번역에 관하여』(1530)라는 논고에서 '나는 그들 모두보다 그들의 변증법과 철학을 더 잘할 수 있다'고 장담하며 가톨릭 학문의 최고봉에 도전했다. 변화에 대한 인문주의자들의 소극적인 자세를 확인하자, 그는 에라스뮈스에게 다음과 같은 글을 써 보내면서 결별을 고했다. '세상의 평화가 깨지지 않는 한, 당신은 누가 어디서 어떤 믿음을 갖고 있든 상관하지 않는군요.' 그러나 인문주의는 이미 루터주의에 종교를 변화시킬 수 있는 지적 도구를 제공했다. 또한 루터에게 유럽 전역에 그의 새로운 생각을 전파할 수 있는 장치를 제공했다. 바로 인쇄기였다.

1522년 자신의 사상이 유포되는 현상에 대해 글을 쓰면서, 루터는 '나는 아무 일도 하지 않았다. 말씀이 모든 일을 했다'고 적었다. 그의 말이 옳다. '말씀'을 전한 것은 인쇄 매체였다. 교황권에 대한 루터 이전의 도전자들은 자신들의 생각을 보다 광범위한 사람들에게 유포할 능력이 없었다. 그러나 인쇄술의 도움으로 루터는 수천 권의 인쇄된 책, 선전 인쇄물, 팸플릿의 형태로 자신의 생각을 퍼뜨릴 수 있었다. 독일의 제후국들과 자유도시들은 종교 혁명을 확산시키기에 지리적으로나 기술적으로나 유럽의 중심으로서 완벽한 입지를 갖추고 있었다. 1520년 무렵에는 독일의 62개 도시가 인쇄기를 갖추었고, 1517년과 1524년 사이에 이 도시들에서는 인쇄본 출간 양이 일곱 배나 증가했다. 이러한 생산 증가의 이유들 중 하나는 루터 자신이었다. 그는 곧 인쇄기의 근본적 잠재력을 깨달았고, 인쇄기를 '복음을 전하는 사업이 계속될 수 있도록 신이 주신 최고의 멋진 선물'이라고 불렀다. 1517년과 1520년 사이에 루터는 30편이 넘는 소책자들을 썼고, 30만 부 이상이 인쇄되었다. 한 추종자가 주장한 바에 따르면, '루터는 각각 두 개의 압착기를 갖춘 두 대의 인쇄기를 계속 가동할 수 있는 사람'이었다. 루터는 또한 교회 엘리트들의 언어인 라틴어보다는 속어로 자신의 글을 유포하는 것이 갖는 힘을 알고 있었다. 1575년 즈음에는 그가 번역한 독일어 성경 인쇄본이 10만 부쯤 팔려나갔다. 더 나아가 그의 저작은 1518년과 1525년 사이에 판매된 모든 독일어 책의 3분의 1에 달했던 것으로 보인다. 1530년에 이르러 루터는 짧은 인쇄의 역사에서 최초의 베스트셀러 저자가 되었다.

루터주의는 상업적 · 금융적 · 정치적 중력의 중심이 북유럽으로 점차 이동하던 세계에서 출현했다. 16세기 초에 이르면 안트베르펜은 유럽의 상업 수도로서 베네치아를 따라잡았고, 루터주의를 탄생시킨 독일의 제후국들은 새로운 정치적 정체성을 보이기 시작했으며, 바로 이것이 세기말에 이르면 유럽의 지형을 두드러지게 근대적인 것으로 바꾸어놓을 터였다. 1519년 합스부르크 가문의 카를 5세는 자신이 물려받은 유산인 에스파냐, 나폴리 왕국, 네덜란드, 아메리카에 오스트리아를 추가했다. 그가 신성로마제국의 황제로 선출된 일은 유럽 전역에 엄청난 정치적 권력투쟁을 촉발했다. 카를 5세, 프랑스의 프랑수아 1세, 영국의 헨리 8세, 포르투갈의 주앙 3세, 그리고 오스만 제국의 술탄 술레이만은 영토적 · 정치적 지배권을 두고 경쟁했고, 그 와중에 이탈리아의 도시국가들은 속수무책의 협상 카드로 그 지위가 축소되었다. 민족주의적인 반란의 씨앗들이 북유럽에서 준동하기 시작했고, 동쪽으로는 카를 5세가 술레이만의 압도적인 국력에 맞서야 했다. 술레이만은 1521년 베오그라드를 정복했고, 1529년에는 빈에 대한 포위공격을 감행했다. 루터주의의 등장은 카를 5세가 처한 난관들을 더 악화시켰을 뿐이다.

카를 5세는 수도사들 가운데 한 명을 파문하여 독일 동맹들과 소원해지는 일을 자초하고 싶어하지는 않았다. 그러나 루터가 황제에게 '그 무엇도 철회할 수 없고, 그렇게 하지도 않을 것입니다. 왜냐하면 양심을 저버리는 것은 안전한 일도, 옳은 일도 아니기 때문입니다'라고 선언하면서, 카를 5세는 그를 '악명 높은 이단자'라고 선언했다. 반면 독일의 제후국들은 '프로테스탄티즘'을 척결하라는 교황의 명령을 거부했다. 이 호칭은 독일 제후들이 루터주의를 처벌하라는 요구에 맞서

'항의했던(protested)' 1529년부터 쓰였다. 카를 5세의 시간을 빼앗는 문제는 또 있었다. 그는 바다 건너에 있는 영토를 통치해야 했을 뿐만 아니라, 그의 제국 문을 두드리는 술탄 술레이만 대제라는 공포와도 대면해야 했다.

1529년 술레이만의 제국은 북아프리카, 지중해, 동유럽 대부분에 걸쳐 뻗어 있었고, 카를 5세의 적인 프랑수아 1세와 동맹 관계에 있었다. 오스만인들이 계속 카를 5세와 정치적 대립 관계를 형성하면서 오스만인들의 신앙 역시 고려해야 할 하나의 안건으로 떠올랐다. 1520년대의 종교적 분위기가 점차 극단적인 양상을 띠어가고 있었기 때문이다. 따라서 프랑수아 1세와 마찬가지로 루터와 그의 추종자들도 카를 5세의 합스부르크 제국에 대한 보루로서 오스만인들과의 전략적인 연대 가능성을 고려했다. 루터는 코란을 연구했고 이슬람교에 대한 독일어 책 몇 권의 출판에도 참여했다. '동방이 아닌 이탈리아에서 적을 찾으라!'라는 루터주의 팸플릿 작가들의 요청에 따라 루터는 '만일 우리가 튀르크와 전쟁을 해야 한다면, 우리 자신과의 전쟁을 먼저 해야 할 것이다'라는 주장을 신중하게 펴나갔다. 이 팸플릿은 오스만의 위협이 신께서 가톨릭 황제와 교황을 괴롭히기 위해 주관하시는 것이라는 주장도 제기했다. 술레이만 또한 루터주의가 동방의 군사적 위협에 온 힘을 집중해야 하는 합스부르크 왕조를 방해함으로써 이들이 사실상 오스만인들을 돕고 있음을 잘 알고 있었다. 이슬람과 프로테스탄티즘측은 성서의 권능에 대한 믿음과 성상에 대한 반대라는 신학적인 면에서 자신들의 동일성이 16세기 중반의 불안한 정국에서 정치적인 관계 개선의 가능성을 높였음을 인식하고 있었다.

반면 카를 5세는 이데올로기적으로 훨씬 덜 유연했다. 그의 왕조는 1492년 유대인과 무어인 모두를 축출한 에스파냐와 동일한 기풍을 물려받았다. 그와 그의 조언자들은 루터와 술레이만이 동전의 양면이라는 사실을 확신하고 있었다. 둘 다 이단적이었고, 근절되어야만 했다. 1523년 뉘른베르크에 기반을 둔 교황 대사는 '우리는 튀르크인들과의 전면전과 튀르크인보다 기독교 세계에 더 큰 해악을 끼치는 극악무도한 마르틴 루터와의 특수전에 대비한 협상을 진행하고 있다'고 썼다. 1530년에 로렌초 캄페조 추기경이 카를 5세에게 쓴 편지에는 다음과 같은 내용이 나와 있다. 루터의 '악마 같은 이단적 견해는 (…) 에스파냐가 무어인에 대해 정한 규정과 처리 방식에 준하여 비난받고 처벌될 것입니다'.

종교적인 개혁에 대한 열정이 세계적인 정치권력을 세우려는 카를 5세의 점점 더 커져가는 야망과 충돌하면서 종교적인 불관용이 강화되었다. 1290년 영국에서, 그리고 1492년 에스파냐에서 공식적으로 추방되었음에도 불구하고, 유대인 공동체는 지난 수 세기 동안 유럽 전역에서 활성화되었다. 그러나 종교적 양극화의 시기가 찾아오면서 유대인들은 가톨릭과 프로테스탄트 두 진영 모두에 의해 박해를 받았고, 우물에 독을 탔다는 것부터 기독교도의 아기를 살해했다는 것에 이르기까지 다양한 죄목으로 고발당했다. 1555년 교황 바오로 4세는 교회가 그간 '진정한 기독교적 믿음을 참관할 수 있는 기회를 주기 위해 유대인들을 용인'해왔을 뿐이라고 주장하면서 유대 신앙을 규탄하는 교황 칙령을 발표했다. 유대인들은 가톨릭으로 개종할 수 있었다. 그러나 그러지 않은 사람들은 재산을 소유할 수 없었고, 거주지는 게토로 제한되었으며, 그곳에서 불명예의 표시로 노란색 배지를 달도록 요구받았다. 프로테스탄트측 역시 비슷했다. 1514년 루터는 '유대인들은 항상 신과 그리스도 왕을 저주하고 모독할 것이다'라고 주장했다. 다음과 같은 주장도 내놓았다. '에스파냐인을 보호자로 두느니 튀르크인을 적으로 두는 것이 낫다. 왜냐하면 대부분의 에스파냐인은 야만적인 폭군이면서 절반은 무어인, 절반은 유대인이기 때문이고, 아무것도 믿지 않는다는 점에서 그들은 동류이기 때문이다.' 에스파냐 가톨릭교도들 역시 프로테스탄트를 회교도나 유대인과 비슷한 이단으로 보았다. 가톨릭교가 루터주의의 위협에 대응하고, 프로테스탄티즘이 다른 종교들과 신학적으로 뚜렷하게 구분되는 입장을 확인하면서, 성서를 받아들이지만 예수가 신의 아들이라고 믿지 않는 나머지 두 종교를 양쪽 모두 공격했다.

이러한 갈등 역시 르네상스 예술의 모습을 바꾸었다. 자신들의 정치적 위상이 잠식당하고 있음을 감지한 로마교황청은 권력을 재확인하려는 차원에서 예술과 건축에서의 과시적 소비를 크게 늘려나갔다. 미켈란젤로와 라파엘로의 예술에서 그러한 압박이 감지된다. 교황 율리우스 2세의 의뢰를 받아 시스티나 성당을 창세기의 장면들로 장식한 미켈란젤로의 프레스코화는 로마의 가르침에 기초한 천지장조에 대한 해석을 포괄적으로 보여준다. 장면들에서 엿보이는 우아한 역동성과 인물들의 강하고 긴장된 근육 역시 그 권위가 흔들릴 경우 표출될 로마교회의 힘과 잠재적인 분노를 표현했다. 이러한 긴장감은 바티칸 콘스탄티누스의 방을 장식하고 있는 라파엘로의 프레스코화에서도 감지된다. 이 작품은 콘스탄티누스 황제의 삶과 동방(콘스탄티노플에 있는 콘스탄티누스의 황좌)에서 서방(로마의 성 베드로 대성당)으로의 교회 권력의 이전을 이야기하고 있다.

〈콘스탄티누스의 기증〉이라는 제목이 붙은 일련의 프레스코화의 마지막 장면은 콘스탄티누스 황제가 그의 세속적인 권력을 교황에게 인계하는 모습과, 영적 권력과 세속적 권력 둘 다를 보여주는 교황관을 쓴 교황의 모습을 그리고 있다. 콘스탄티누스의 방의 채색 작업이 시작되고 난 뒤 몇 달 지나지 않아서 루터는 다음과 같은 글을 썼다.

> 「콘스탄티누스의 기진장」이 위서라는 로렌초 발라의 논증을 입수했습니다. 맙소사, 로마에 깃든 어둠과 사악함이 어느 정도인지! 그런 믿을 수 없고, 어리석고, 뻔뻔한 거짓들이 수 세기 동안 존속했을 뿐만 아니라 그렇게 널리 퍼졌다니, 그렇게 하신 하느님의 뜻이 의아해지실 겁니다.

「기진장」에 대한 발라의 논문은 로마 교회에 대한 공격을 강화하는 차원에서 1517년 독일에서 처음으로 인쇄되었다. 위대한 교황들, 서로 싸우는 분파들, 교황의 권위를 극적으로 연출한 장면들로 채워진 콘스탄티누스의 방의 프레스코화들은 종교적 · 정치적 변화에 대한 공격적이고, 양식화되고, 불안해 보이는 답변이었다. 북유럽의 인쇄된 '말씀'이 남유럽의 웅장한 기념물들과 장엄한 프레스코화들을 이기고 있었다.

반격에 나선 가톨릭

웅장한 예술이 북유럽 프로테스탄티즘의 극적인 등장이 제기한 문제들에 대한 대응책이 될 수 없다는 사실을 로마교회는 곧 깨달았다. 1545년 교황 바오로 3세는 교회를 개혁하고 루터주의를 반박하기 위해 트리엔트 종교회의를 소집했다. 이후 18년 동안 종교회의는 가톨릭 종교개혁의 기초가 될 칙령들을 내놓았다. 종교회의는 7성사, 화체설, 연옥, 교황의 권한을 재확인했다. 성인과 성물 그리고 면벌부의 매입 역시 지지했다. 또한 루터를 그토록 분노하게 만들었던 남용과 오용을 개혁했다. 수도회가 개혁되었고, 성직자를 교육하기 위해 신학교들이 설립되었으며, 주교들은 자신들이 맡은 교구를 관리하기 위해 보다 선제적인 대책을 강구하도록 요구받았다. 종교회의는 1540년에 에스파냐인 이그나티우스 로욜라가 창설한 예수회의 설립을 인가했고, 1542년 설립되어 이단들과 종교개혁가들을 색출했던 이단 재판소를 추인했다.

종교회의는 프로테스탄트 종교개혁의 가장 치명적인 매개체였던 인쇄된 책에도 관심을 돌렸다. 1563년에는 '이단적'이라고 간주되는 책들을 모아 금서 목록을 내놓으면서 다음과 같이 발표했다. '누구라도 이단자의 책 또는 이단 혹은 거짓 가르침의 혐의로 유죄 선고를 받았거나 활동이 금지된 저자들이 쓴 책을 읽거나 소장한다면, 그는 즉시 파문에 처해질 것이다.' 루터, 츠빙글리, 칼뱅의 저작을 비롯하여 마키아벨리의 저작과 에라스뮈스의 일부 저작까지 포함하는 수천 권의 책이 금서 목록에 포함되었다. 트리엔트 종교회의는 이렇게 인

11. 〈콘스탄티누스의 기증〉이라는 프레스코화는 1523~24년에 라파엘로와 그의 제자들이 바티칸에 그린 작품이다. 종교적 갈등이 최고 권력을 내용으로 하는 정형화되고 공격적인 화풍의 작품을 만들어냈다.

쇄된 책의 힘을 암묵적으로 인정했다(정통 교본을 발간하기 위해 가톨릭 인쇄소에 자금을 지원한 것도 그 일환이었다). 하지만 그 대가로 대규모 검열이라는 최초의 근대적인 시도들 가운데 하나가 확립되었다.

개혁과 신앙심, 공격과 억압을 열정적으로 혼합한 트리엔트 종교회의는 큰 성공을 거두었다. 16세기 말에 이르면 가톨릭 종교개혁의 결과 로마를 외면했던 평신도의 거의 3분의 1이 다시 옛 보금자리로 돌아왔다. 그러나 종교 의식, 성서, 심지어 성상에 대한 태도는 16세기 말엽의 종교적 풍경을 더욱더 양분시켰다. 트리엔트 종교회의는 프로테스탄트와 가톨릭 사이에 커다란 신학적 차이가 있음을 강조했고, 그 세기 후반에 시작되어 유럽의 지형을 바꿔놓을 종교 전쟁을 위한 길을 닦았다.

1600년대의 유럽은 도시국가들과 공령들의 엉성한 집합에 불과했던 1400년대의 모습과는 눈에 띄게 달라져 있었다. 1400년대까지만 해도 '유로파'라는 통일체는 언급조차 되지 않았다. 그러나 이제는 국민국가들과 부상하는 거대 제국들이 정치적 현안으로 자리잡았고, 동방과 서방의 종교적 만남과 교류에서 나타난 유동성은 가톨릭교, 프로테스탄티즘, 이슬람이라는 체계적인 강령을 갖춘 신앙 체계로 굳어졌다. 이는 국가라는 근대적인 제도의 탄생과 그에 수반되는 민족주의의 부상의 신호였다. 유럽의 거대한 제국 세력들은 다음 3세기 동안 새로이 발견될 지구의 대부분에 대해 권리를 주장할 터였다. 이 시대의 유산이 바로 현재 아일랜드, 발칸, 중동 같은 다양한 지역의 해결할 수 없을 듯 보이는 일련의 종교적 · 정치적 갈등들로서, 그 기원은 바로 르네상스 시대에 처음으로 일어난 교회와 국가의 충돌에 있었다.

제 4 장

멋진 신세계

1482년 독일의 도시 울름의 한 인쇄소에서 프톨레마이오스가 쓴 『지리학』의 새로운 판본이 출간되었다. 이 판본에 수록된 세계지도는 15세기 유럽의 지배 엘리트가 세계를 어떻게 인식하고 있었는지 잘 보여준다. 프톨레마이오스는 서기 2세기에 알렉산드리아에서 『지리학』을 썼다. 그리고 14세기 말 라틴어로 번역되기 훨씬 전에 아랍의 학자들은 이 저서를 보존하고 개정했다. 반면 중세 기독교도들의 지리학은 도식적인 수준을 넘어서지 못했다. '세계지도(*mappae mundi*)'라는 이름으로 알려진 지도는 기독교식 창조론에 입각한 종교적 상징물에 불과했다고 할 수 있었다. 그들은 예루살렘을 지도의 중앙에 두었고, 보다 넓은 세계를 이해하려 하거나 표현하려는 시도를 거의, 아니 전혀 하지 않았다. 프톨레마이오스의 『지리학』은 지구의 모양과 크기에 대한 15세기의 인식을 바꾸어놓았다. 그의 저서는 8000곳이 넘는 지역의 이름을 적고 설명했으며 지역지도와 세계지도를 그리는 방법을 설명했다. 경도와 위도의 기하학적 격자가 표시된 프톨레마이오스의 세계지도는 15, 16세기 무역과 발견을 위한 안내서가 되어주었다. 이러한 무역과 발견이 오늘날의 근대적인 지구의 모양을 만들어나가기 시작했고, 이번 장의 기초를 구성할 것이다.

15세기 말의 통치자나 상인에게 프톨레마이오스 저서의 울름본은 당시 세계를 제법 정확하게 표현한 것으로 받아들여졌다. '유럽'과 지중해, '아프리카'와 '아시아'가 모두 확인된다. 물론 아메리카, 오스트레일리아, 태평양, 대서양의 대부분, 아프리카 남단(아프리카 대륙의 끝이 없기 때문에 인도양이 거대한 호수로 표현되어 있다)이 누락된 오류가 있다는 것을 오늘날의 우리는 알고 있다. 또한 프톨레마이오스의 세계는 동부 지중해와 중앙아시아, 콘스탄티노플, 바그다드, 알렉산드리아 같은 도시에 초점을 맞추고 있었다. 서기 2세기부터 15세기 말까지 대부분의 지성인들이 생각한 세계의 모습은 실제로 이러했다.

『지리학』은 제후, 성직자, 학자, 상인 등이 소유했는데, 그들은 『지리학』의 값비싼 필사본을 소유함으로써 지리학과 여행

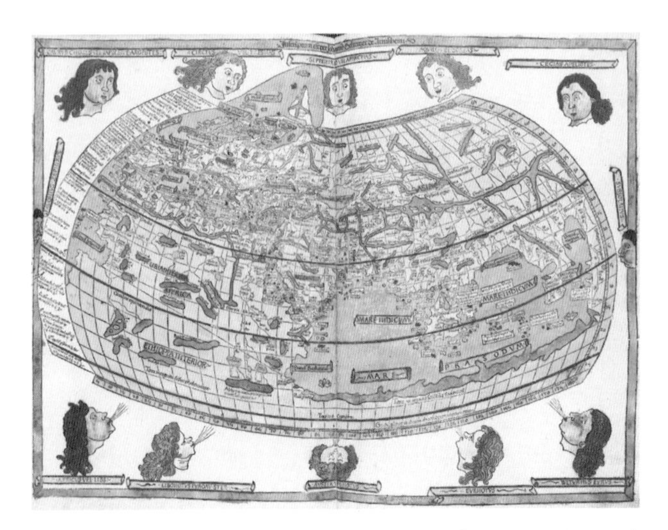

12. 1482년 울름에서 출간된, 프톨레마이오스의 고전 문헌 『지리학』의 신판에 수록된 세계지도.

에 대한 자신들의 지식을 드러내 보이고 싶어했다. 그러나 14세기에 제작되어 오늘날까지 남아 있는 실용적인 지도들은 르네상스 세계를 형성했던 혼합적인 문화 전통을 보여준다. 1330년경에 제작된 작자 미상의 마그레브의 해도는 상인들과 항해가들이 지중해를 가로지르기 위해 사용했던 소위 '포르톨라노 해도'의 실제 예다. 십자형의 항정선(航程線)은 나침반으로 방위를 확인하는 일을 돕고 항해가들이 제법 정확한 항로를 따라 항해할 수 있게 해주었다. 그라나다나 모로코 둘 중 한 곳에서 만들어진 이 해도는 기독교와 이슬람 공동체 사이에서 지리 지식과 항해 기술의 교류 그리고 무역 거래가 활발하게 이루어졌음을 보여준다. 202곳의 지명들 가운데 48개가 아랍어에서 나온 것이고, 나머지는 카탈루냐, 에스파냐, 또는 이탈리아어에서 온 것이었다. 아랍인, 유대인, 기독교인 항해가들과 학자들의 전문 지식에 기반한 이런 실용적인 지도들 덕분에 유럽의 경계를 넘는 최초의 시험 항해가 가능해졌다.

희망봉을 항해하다

1415년 포르투갈은 모로코에서 세우타라는 이슬람 도시를 점령했다. 이 승리는 포르투갈에 서아프리카 연안을 따라 팽창할 수 있는 도약의 기회를 제공했다. 포르투갈 왕실은 대서양에 면한 지리적 입지를 이용하여 사하라 횡단 무역로로 침투하려 했다. 그렇게 되면 북아프리카를 경유하여 남유럽에 이르는 육로와 해로를 통한 교역에 무겁게 부과되던 관세를 지불할 필요가 없어지기 때문이었다. 포르투갈 왕실이 마데이라(1420), 아조레스 제도(1439), 카보베르데(1460년대)를 차지하면서, 목재나 설탕, 어류, 밀 같은 기본 물품 교역이 화려한 금 찾기보다 더 중요해졌다. 이러한 상황이 이어지면서 포르투갈 왕실은 항해를 통한 발견과 정착의 목적을 변경하기에 이르렀다.

아조레스 제도에 정착하자, 포르투갈인들은 지도에 표시되어 있지 않은 땅, 즉 프톨레마이오스의 지도에 '미지의 땅(*Terra Incognita*)'이라고 명명되어 있던 곳을 찾아 남쪽으로 항해를 떠났다. 지중해식 항해와 지도 만들기가 한계에 봉착하자, 포르투갈인들은 유대인 학자들을 고용했다. 태양, 달, 별의 위치에 따른 위도를 측정하기 위해 태양표, 성좌도, 아스트롤라베, 사분의, 직각기 등을 개발하기 위해서였다. 1480년대에 이르러 이러한 과학적 발전들은 꽤 성공을 거두어 포르투갈인들은 시에라리온을 돌아서 기니 해안을 따라 페이토리아(*feitoria*), 즉 상업 거점들을 확보할 수 있었다.

이러한 발전들로부터 시작된 상업적 접촉은 서아프리카, 포

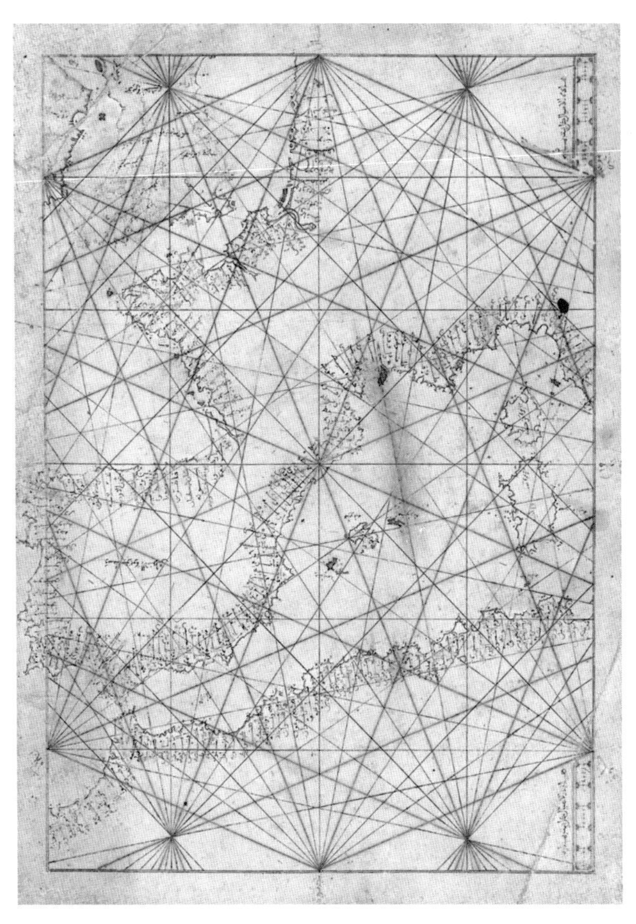

13. '포르톨라노' 혹은 '마그레브 해도'라 불리는 이 해도는 1330년경 북아프리카에서 제작되었고, 지식의 문명 간 공유가 지중해 항해를 가능하게 했음을 보여준다.

르투갈, 유럽 대륙의 다른 지역 여러 도시들의 문화와 경제에 주목할 만한 영향을 미쳤다. 사람들이 뒤섞이면서 서아프리카에는 자율적인 인종 혼합적 공동체들, 즉 란사두(lançados)가 건설되었다. 구리, 말, 직물과 금, 후추, 상아, 흑단을 거래하는 무역 또한 이루어졌다. 15세기 말에 이르면 리스본으로 선적되어 들어온 금 덕분에 포르투갈은 이 나라 역사상 처음으로 크루자두(crusado)라는 금화를 발행할 수 있었다. 또한 고전시대, 무굴제국, 페르시아 양식들이 혼합된 거대한 공공건물이 건설되어, 오늘날 우리가 이런 건물들을 리스본, 고아, 마카오처럼 서로 멀리 떨어진 곳에서도 볼 수 있을 정도이다.

1488년 12월 바르톨로메우 디아스는 리스본으로 귀환하여 자신들이 아프리카 최남단을 항해했다는 소식을 전했다. 당대의 한 포르투갈 지리학자는 디아스가 '이곳 해안이 북쪽과 북동쪽으로 이집트 아래에 위치한 에티오피아를 향해 뻗어 있고, 조금 더 가면 아라비아만으로 이어지며, 덕분에 인도로 가는 길을 발견할 수 있을지도 모른다는 큰 희망이 생겼음'을 알려왔다고 기록했다. 그 결과 디아스는 '이곳을 '희망봉'이라 불렀다'. 이 소식은 프톨레마이오스의 세계관을 답습하는 인쇄된 지도를 점점 더 낡은 것으로 만들었다. 이제부터 유럽인 여행자들은 정말로 '미지의 땅'으로 항해하게 되었다. 그곳은 더이상 고전시대의 권위에 의존할 수 없는 완전히 새로운 세계였다.

동방은 동쪽에 있다

이러한 발견들에 특별히 더 감동을 받은 사람이 있었는데 그가 바로 제노바의 항해가 크리스토퍼 콜럼버스였다. 그는 디아스가 귀환하여 희망봉을 경유했다는 소식을 전했을 때 포르투갈 궁정에 있었다. 콜럼버스는 포르투갈의 항해가들이 이룬 실제 성과들을 관찰하고 고대의 지리학에 몰두한 끝에 운명적인 결정을 하기에 이르렀다. 콜럼버스는 아시아의 크기를 지나치게 크게 잡았던 프톨레마이오스와 마르코 폴로의 생각을 받아들였다. 그리고 프톨레마이오스의 지구 둘레에 대한 추정치가 옳다면 유럽에서 서쪽으로의 항해가 포르투갈이 따라갔던 남동쪽 루트보다 훨씬 더 짧을 거라고도 생각했다. 콜럼버스는 서쪽 방향으로 일본과 아조레스 제도 사이의 거리가 3000마일쯤 되리라고 추측했다. 실제로는 1만 마일이 넘었다. 아시아와 지구의 크기에 대한 프톨레마이오스의 계산이 잘못되어 벌어진 일이었다. 콜럼버스가 이 사실을 알았더라면, 1492년에 그는 절대로 항해를 떠나지 않았을 것이다.

1485년 콜럼버스는 자신의 계획을 포르투갈 궁정에 먼저 제안했다. 그러나 리스본은 남아프리카를 동쪽으로 경유하는 해상 루트를 찾는 데 성공했기 때문에 콜럼버스의 제안을 거절했다. 그래서 콜럼버스는 카스티야 왕실에 제안서를 냈다. 당시 카스티야는 이베리아 이슬람교도들과의 계속된 전투 때문에 금전적 어려움을 겪고 있었다. 그렇다 하더라도 동방으로부터 오는 향신료와 금 시장을 장악할 수 있는 가능성을 놓쳐버릴 수는 없는 일이었다. 그들은 콜럼버스의 항해 비용을 지원하기로 결정했다. 1492년 8월 2일, 드디어 콜럼버스는 세 척의 배에 나눠 승선한 90명을 거느리고 에스파냐 남부의 팔로스를 떠나 첫 항해를 시작했다.

대서양을 가로질러 거의 두 달을 서쪽으로 항해한 끝에 10월 10일 목요일 콜럼버스는 바하마 제도를 발견했고 그곳에 상륙하여 현지인들을 만났다. 그들은 '좋은 체격과 매우 아름다운 몸 그리고 선한 얼굴을 가진 사람들'이었고, 또한 '이해가 빠른 충복'이 될 수 있을 것으로 느껴졌다. 콜럼버스는 '또 다른 아주 큰 섬을 향해 떠나고 싶어' 조바심을 냈다. '현지인들이 '콜바'라고 부르는 이 섬은 인디언들로부터 그들의 몸짓을 통해 얻은 정보에 따르면 지팡구(일본)가 틀림없다'고 그는 믿고 있었다. 콜럼버스는 자신이 일본에 곧 다다를 것이라고 확신했지만, 후일 '콜바'는 쿠바였던 것으로 판명되었다. 그는 쿠바와 아이티 해안을 빙 둘러보다가 기함이 좌초하여, 소량의 금, 납치한 '인디언' 몇 명과 함께 귀국했다.

콜럼버스의 유럽 귀환은 외교적인 격돌을 불러일으켰다. 이는 '신세계'를 발견해서가 아니었다. 그는 여전히 자신이 서쪽으로 항해하여 동방에 다다랐다고 믿고 있었다. 포르투갈은 카스티야의 지원을 받는 탐험대가 '기니만 너머'에서 이루어지는 모든 발견에 대한 포르투갈의 독점권을 보장했던 예전의 조약을 위반했다고 이의를 제기했다. 그러나 규정의 모호함과 에스파냐에 우호적인 교황의 개입으로 새로운 발견에 대한 권한이 카스티야에 부여되었다. 토르데시야스 조약의 규정에 따른 것이었다. 이 조약은 또한 두 왕실의 이해관계가 미칠 수 있는 상대적인 범위를 확정하는 분할선을 지도에 명시하도록 규정했다. 대표단들은 카보베르데에서 서쪽으로 370리그 떨어진 대서양을 따라 '경계선, 즉 직선이 결정되고 그어져야 한다'고 합의했다. 이 분할선 서쪽에 있는 모든 것은 카스티야의 것이었고, 동쪽(그리고 남쪽)에 있는 모든 것은 포르투갈에 속했다. 이 조약으로 카스티야는 동쪽으로 가는 새로운 길이라고 믿었던 것을 얻었다. 반면 포르투갈은 아프리카에 대한 소유권과 희망봉을 경유하여 동방으로 향하는 길을 지켜냈다.

가장 값진 수확

콜럼버스의 첫 아메리카 '발견'은 실패로 보였다. 그는 동방으로 가는 보다 짧고 상업적으로도 큰 수익을 남길 수 있는 길을 막는 새로운 영토적 장해물을 발견했던 것 같았다. 콜럼버스의 항해와 이후의 외교적 분란으로 인해 바르톨로메우 디아스의 희망봉 발견을 이어나가려는 시도를 계속 연기해왔던 포르투갈은 인도 상륙이라는 명확한 목표를 세우고 희망봉을 경유하는 또다른 원정대를 파견했다. 1497년 7월 바스쿠 다가마가 네 척의 중량급 선박에 각각 20정의 총과 다양한 거래 물품을 싣고 170명의 선원과 함께 리스본을 출항했다. 희망봉을 돌자, 다가마는 자신이 완전한 미지의 바다에 도착했음을 알게 되었다. 더 심각한 문제는 천문학상의 계산법에 기반한 포르투갈의 항해 장비가 인도양의 낯선 하늘에서는 전혀 쓸모가 없었다는 것이었다.

말린디에 상륙한 바스쿠 다가마는 당대 최고의 항해사 중 한 명으로 알려졌던 항해가 겸 천문학자를 고용했다.

> 바스쿠 다가마는 그와 대화를 나눈 뒤 그의 지식에 크게 만족했다. 그[항해사]가 인도의 해안 전체를 자오선과 평행선을 표시하여 그린 무어식 지도를 보여주었을 때 특히 그러했다. 바스쿠 다가마가 그에게 자신의 커다란 목재 아스트롤라베와 태양의 고도

를 측정할 때 사용하는 금속제 도구들을 보여주었을 때, 항해사는 전혀 놀라지 않았다. 그에 따르면 홍해의 항해가들 가운데 일부가 삼각형 모양의 놋쇠 도구들과 사분의를 사용한다는 것이었다. 이런 도구들은 태양, 그리고 주로는 북극성의 고도를 측정하기 위한 것으로서, 항해할 때 아주 흔하게 이용되었다.

이러한 기술들은 유럽 항해가들에게는 전혀 알려지지 않은 것이었다. 유대인들의 천문학 전문 지식이 포르투갈인들을 희망봉까지 데려갔다면, 이제 이슬람의 항해 기술이 그들로 하여금 인도에 도착할 수 있도록 돕게 된 것이다.

아랍인 항해사는 바스쿠 다가마에게 인도양을 건너가기 위한 항해 지식만 가르쳐준 것이 아니었다. 그는 또한 아랍 과학과 천문학의 발전이 얼마나 광범위하게 확산되었는지를 자신도 모르게 드러내 보였다. 프톨레마이오스의 지리학과 천문학에 관한 고전 문헌들이 알렉산드리아에서 콘스탄티노플, 이탈리아, 독일, 포르투갈로 전파되었듯이, 이 지식은 동쪽으로도 다마스쿠스를 거쳐 바그다드와 사마르칸트로 전해졌다. 정복자 메흐메트의 프톨레마이오스의 『지리학』 후원은 이슬람 천문학과 지리학의 활기찬 전통의 한 측면일 뿐이었다. 1513년 피리 레이스라고 알려진 오스만 해군 지휘관이 세계지도를 발간했다. 지도의 제작자가 주장하는 바에 따르면, 이 지도를 제작하는 데 '20개의 해도와 세계지도를 참조했는데, 그중에는 드야그라피에(dja'grafiye)라고 알려진 알렉산드로스 대왕 시절에 제작된 지도도 있었다'. 이는 프톨레마이오스의 『지리학』을 일컫는 것이다. 피리 레이스는 '중국해와 인도양에 대한 새로운 지도들'도 참조했고, '인도에 대한 아랍인의 지도, 그리고 중국과 인도의 기하학 방법론에 따라 새로이 그려진 포르투갈 지도 네 개, 마지막으로 콜럼버스가 그린 서쪽 땅들에 대한 지도' 역시 참조했다. 이로써 이스탄불의 오스만 궁정이 서대서양에서의 국면들을 주의 깊게 지켜보고 있었음이 분명해졌다.

피리 레이스의 지도는 서쪽 부분만 전한다. 그러나 이 지도의 세부 묘사를 살펴보건대, 인도양 지역에 대한 지도 역시 이슬람, 인도, 중국 항해사들과 학자들의 천문학과 항해 지식에 포르투갈의 지도들을 합치는 방식으로 포괄적으로 제작되었을 듯하다. 피리 레이스의 설명들은 발견의 시대를 뒷받침하고 있던 광범위한 수준의 문화적 교류와 지식의 소통을 강조하고 있다. 이슬람교도, 인도인, 기독교인 모두 정치적 · 상업적 주도권을 잡기 위한 하나의 시도로서 정보와 사상을 거래하고 있었다.

항해에 관해서만 말하자면, 바스쿠 다가마와 그의 원정대는 자신들이 완전히 새로운 세계로 진입했다고 믿고 있었다. 그

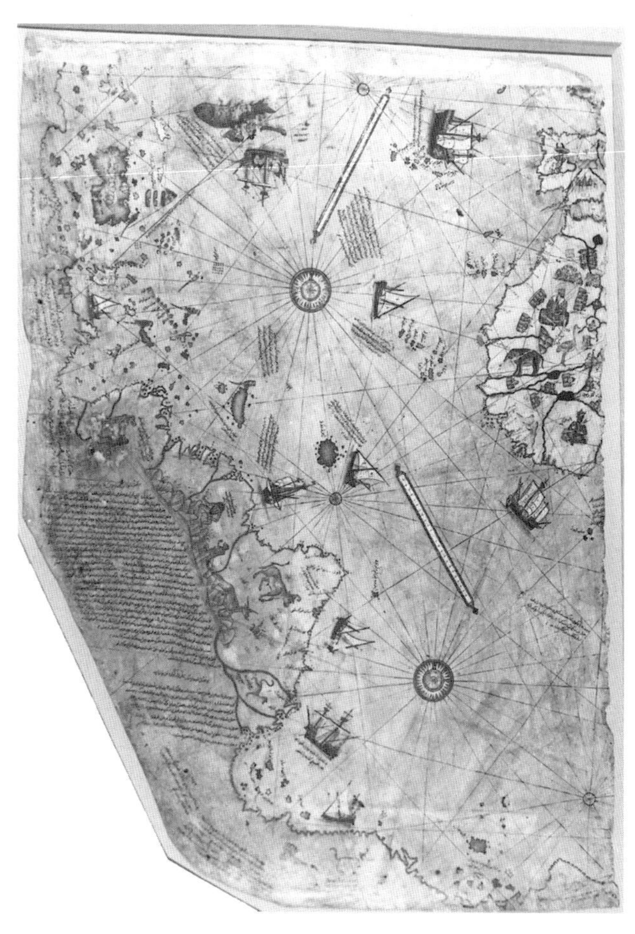

14. 피리 레이스의 세계지도(1513)는 동방과 서방 사이에 지리적 정보가 어떻게 소통되고 있었는지를 잘 보여준다.

러나 그들은 곧 자신들이 간 곳이 문화적으로 놀라울 만큼 친숙한 세계라는 사실을 발견했으며, 그 세계에서 그들은 자신들이 더럽고, 폭력적이고, 기술적으로도 후진적인 사람들에 속하는 것처럼 느꼈다. 바스쿠 다가마는 1498년 5월 인도 남부 해안의 캘리컷에 도달했다. 그러나 그들이 가져간 선물들은 기니만에서의 교역에나 적당한 것으로서, 캘리컷의 수령 사모린의 우아한 궁정에 내놓을 공식적인 의전 선물로는 적합하지 않았다. 현지 상인들이 직물, 산호, 설탕, 기름, 꿀 같은 다가마의 잡다한 진상품들을 보자, '그들은 이를 조롱하며 이것은 왕께 올릴 수 있는 물건이 아니며, 메카나 인도의 다른 지역에서 온 아무리 가난한 상인도 이보다는 더 많이 바칠 것이라고 말했다'. 적절한 진상품을 바칠 능력이 안 되었다는 사실은 정치적 긴장감을 조성했고, 포르투갈인들은 제한된 범위에서의 물물 거래 외에는 할 수 있는 것이 없었다. 그럼에도 불구하고, 바스쿠 다가마는 1499년 9월 리스본으로 귀환할 때 계피, 정향, 생강, 육두구, 후추, 약재, 보석, 브라질우드 같은 적지만 값비싼 화물을 가져갈 수 있었고, 포르투갈 궁정은 그들이 마침내 향신료 무역망으로 침투했다는 사실을 확신하게 되었다.

포르투갈의 인도양 무역 집산지로의 진입은 대양에 떨어진 물 한 방울에 불과했다. 이 지역의 무역과 교환의 관례화된 패

턴과 규모 그리고 거래 품목들의 다양성은 초기 포르투갈 함대들의 수요와 공급을 아무것도 아닌 것처럼 보이게 만들었다. 포르투갈인들은 상황 변화에 실용적으로 순응하고, 상이한 교환 방식들을 받아들이고, 인도와 이슬람 공동체들 사이의 정치적 차이를 이용하고, 현지 이곳저곳에 아주 많지는 않지만 상업적인 발판들을 건설하는 데 화약을 사용했다. 그러나 유럽 지도, 서적, 외교적 서신은 바스쿠 다가마의 항해가 포르투갈에 의한 아시아 향신료 무역의 독점 체계를 만들어낸 것처럼 기록했다.

포르투갈 원정대의 항해는 르네상스 세계의 정치 지도를 바꿔놓는 결과를 낳았다. 인도의 향신료 상인들이 포르투갈과의 교역을 논의하기 위해 리스본에 도착하자, 베네치아는 즉시 이들과의 회담을 저지하기 위한 방해 공작을 시도했다. 또한 자신들의 상업적 이해관계를 지키기 위해 외교력과 군사력을 총동원하여 오스만인들, 이집트 맘루크들과 함께 회담을 개최했다. 1511년 포르투갈은 페르시아의 통치자 이스마일 1세와 이집트에 대한 공동 군사작전을 위한 협상을 시작하는 것으로 이에 대응했다. 이 작전이 성공한다면, 베네치아에 대한 향신료 공급을 옥죌 수 있을 것이고 오스만 제국과의 전쟁에서 이스마일 1세를 도울 수 있을 터였다. 르네상스 시대에 종종 그랬던 것처럼, 무역과 부(富)가 위기에 처하면, 종교와 사상의 대립은 서서히 사라져버렸다.

세계적인 모험들

1502년 해상 여행의 첫번째 주요 국면이 최고조에 달했다. 프톨레마이오스의 세계지도는 권위에 큰 타격을 받았고, 제법 근대적인 지도들이 제작되기 시작했다. 포르투갈인들은 아프리카를 돌아 인도에 도달했고, 동쪽으로 가는 도중에 우연하게도 브라질을 발견했다(1500). 그리고 말라카(1511), 호르무즈(1513), 중국(1514), 일본(1543)으로도 계속 진출했다. 서쪽으로는 아메리카 대륙으로 가는 콜럼버스의 세 번의 항해가 금, 은, 노예 무역의 전성시대를 열었다. 1497년과 1502년 사이 네 차례의 항해에서 아메리고 베스푸치는 콜럼버스가 발견한 곳이 새로운 대륙임을 확인했다. 인쇄기를 통해 그가 발견한 사실을 널리 알림으로써, 베스푸치는 유럽인들이 이 새로운 대륙의 이름으로 콜럼버스가 아니라 자신의 이름을 떠올리도록 만들었다. 그래서 붙여진 이름이 바로 아메리카였다. 이제 카스티야는 별도의 대륙 하나를 소유하게 되었고, 이베리아 반도의 이웃 국가인 포르투갈과 경쟁할 수 있도록 제국을 건설해야 했다.

유럽인들의 지리적 개념이 변화하면서, 일상의 짜임도 달라졌다. 유럽으로 흘러들어왔던 향신료가 사람들의 식재료와 음식 조리법에 영향을 미쳤다. (동방으로부터) 코코넛, 오렌지, 얌, 바나나, (아메리카 대륙으로부터) 파인애플, 땅콩, 파파야, 감자가 유입되었을 때 그랬던 것처럼 말이다. '향신료'라는 용어는 또한 (아편, 장뇌, 대마초를 포함하는) 약재들, 화장품, 설탕, 밀랍 등 다양한 종류의 물건들을 일컬었다. 실크, 면화와 벨벳은 사람들의 의복을 바꾸었고, 사향노루와 사향 고양이가 그들의 냄새 맡는 방식을 바꾸었다. 인디고, 버밀리언, 랙, 사프란 같은 염료와 명반은 유럽을 좀더 밝게 만들었고, 도자기, 호박, 흑단, 백단향, 상아, 대나무와 옻나무는 공공건물과 부유층의 집 인테리어를 모두 바꾸어놓았다. 동쪽과 서쪽에서 유럽으로 들어온 튤립, 앵무새, 코뿔소, 체스 세트, 성적인 도구들, 담배는 소수의 사람들만 즐기는 귀중한 상품들이었다. 리스본 자체가 유럽의 가장 부유한 도시 가운데 하나로 변모했으며, 그곳에서는 사실상 무엇이든 구입할 수 있었다. 군주들은 보석, 갑옷, 조각상, 그림, 위석, 심지어 앵무새, 원숭이와 말 등을 '호기심의 방'에 전시했다. 알브레히트 뒤러는 아프리카산 소금통, 중국 도자기, 백단향, 앵무새, 코코넛, 깃털 등의 수집품들을 목록으로 만들었다.

1513년 포르투갈인들은 마침내 말루쿠 제도에 도달했다. 이곳은 정향의 유일한 공급지로서 인도네시아 군도 내에 있는 여러 개의 작은 섬들로 이루어져 있다. 이곳의 발견은 심각한 정치적 위기를 야기했다. 토르데시야스 조약 이후 포르투갈은 동쪽으로 상업적 이익을 추구해왔고, 카스티야는 서쪽으로의 팽창에 집중했다. 말루쿠 분할선이 토르데시야스 조약에 사용된 평면 지도에 표시되었을 때는 아무런 문제가 없었다. 그런데 말루쿠 제도가 발견되자, 만일 분할선이 지구 위에 그려진다면 동반구 어디쯤일지에 대한 문제가 불거져 나왔다.

오늘날 페르디난드 마젤란으로 더 잘 알려진 포르투갈의 항해가 페르낭 드 마갈량이스에 대해 이야기해보자. 그는 말루쿠 제도로 가는 서쪽 항로가 희망봉을 경유하는 포르투갈 항로보다 더 짧을지도 모른다고 생각했다. 그러나 이것이 서쪽으로 항해하여 동방에 가닿으려는 콜럼버스의 원래 생각을 되살리는 것이었기 때문에, 마젤란은 포르투갈측의 반발이라는 문제에 부딪혔다. 그래서 그는 카스티야 국왕과 미래의 합스부르크 황제인 카를 5세에게 자신의 계획을 제안했다. 그것은 상업적 이익을 약속하는 야심찬 제안이었지만, 대신 원거리 항해를 위한 투자를 요구했다. 바로 이것이 르네상스 시대의 그렇게도 많았던 '발견'을 위한 항해의 전형적인 동기였다. 마젤란의 목적은 세계 일주가 아니었다. 그가 제안한 계획은 서쪽으로 항해하여 말루쿠 제도에 갔다가 남아메리카를 경유하여 귀환하는 것이었다. 이 항해는 외교적 · 지리적 선례에 비추어 카스티야가 말루쿠 제도의 소유권을 주장하게 할 것이고, 이는 결국 포르투갈의 최고급 향신료 공급 루트를 차단함으로써 리스본의 부를 카스티야로 옮겨오게 할 터였다. 마젤란이 재정적 지원을 획득할 수 있었던 성공 비결은 그의 범세계적 사고방식이었다. 마젤란은 1519년 세비야에 도착했을 때 '세계 전체를 보여주는 잘 그려진 지구의를 갖고 있었고, 그것에 기초하여 그가 택하려고 했던 경로를 설명할 수 있었다'. 이제는 지도가 아닌 지구의가 16세기 세계의 정치적 · 상업적 지리를 가장 정확하게 포착하는 물건이었다.

마젤란은 단번에 카스티야를 설득할 수 있었다. 그는 1519년 9월 항해에 나섰다. 남아메리카 해안을 따라 내려가면서 마젤란은 선원들의 폭동을 진압해야 했고, 남아메리카 남단에 있는 해협—현재 이 해협에는 그의 이름이 붙어 있다—을 통과하는 항로를 찾다가 배 두 척을 잃었다. 또한 그는 태평양을 항해하는 데 몇 주를 보내야 했다. 태평양은 그의 지도에 나와 있는 곳보다 더 넓었던 것이다. 1521년 4월 함대는 드디어 필리핀 제도에 있는 사마르섬에 도착했다. 그곳에서 마젤란은 작은 지역 갈등에 휘말렸고, 부하 40명과 함께 살해되었다. 살아남은 선원들은 다시 항해에 나섰고, 마침내 말루쿠 제도에 도착했다. 그리고 그곳에서 정향, 후추, 생강, 육두구, 백단향을 선적했다. 원래 계획대로라면 귀환할 때에도 마젤란 해협을 통과하는 항로를 택해야 했지만, 이를 성공시킬 자신이 없었던 선원들은 포르투갈 순시함에 나포될 위험을 무릅쓰고라도 희망봉을 경유하여 돌아가기로 합의했다. 그들의 이 결정이 세계의 역사를 만들어냈다. 1522년 9월 8일, 출발할 때 함께했던 선원 240명 가운데 단 18명만이 세비야로 돌아왔다. 최초의 세계 일주를 완수한 것이다.

마젤란의 항해 소식은 외교적인 대소동을 불러일으켰다. 카를 5세는 말루쿠 제도가 그가 가진 지구의 절반 안에 있다고 주장할 수 있는 정당한 근거가 바로 이 항해라고 설명했다. 왕의 참모들은 영유권 주장을 위한 외교적 · 지리적 사례들을 수집하기 시작했다. 카스티야 왕실은 자신들의 주장을 옹호하기 위해 고전의 권위를 이용했다. 아시아의 크기를 지나치게 크게 잡았던 프톨레마이오스의 설명이 그들에게 유리하게 이용되었다. 지도에 나온 아시아의 정확하지 않은 너비를 거듭 말함으로써 카스티야는 말루쿠 제도를 더 동쪽으로 밀어냈고, 그들이 가진 지구의 절반 안에 들어오게 만들었다. 카스티야인들은 '프톨레마이오스의 설명, 수치와 향신료 생산 지역에서 돌아온 사람들에 의해 최근에 알려진 설명과 모델이 일치하는' 지도와 지구의를 제출했다. '이렇게 함으로써 수마트라, 말라카, 말루쿠 제도는 카스티야의 경계선 내로 들어오게 되었다.'

1529년 두 왕실이 분쟁을 해결하기 위한 최종적인 만남을 사라고사에서 주최했을 때, 카스티야는 포르투갈의 지도 제작자 디오고 리베이로를 고용하여 말루쿠 제도가 카스티야 쪽에 속하는 지도와 지구의를 제작하게 했다. 바로 이때가 르네상스가 명확히 근대적인 의미에서 세계적이 되는 순간이었다. 마젤란의 세계 일주의 결과는 지구의가 세계의 모양과 범위를 훨씬 더 납득할 만하게 표현하게 되었다는 것이다.

그 지구의는 현재 남아 있지 않지만, 1529년에 제작된 리베이로의 세계지도는 당시의 논쟁을 보여주는 지리적 현실의 조작에 대한 증거로 남아 있다. 리베이로는 말루쿠 제도를 토르데시야스 선의 서쪽으로 172.5도에, 즉 카스티야 영역 안쪽으로 7.5도에 위치시켰다. 이 지도는 카를 5세에게 필요했던 협상력을 부여했다. 그리고 그는 말루쿠 제도에 대한 권리를 포르투갈인들에게 되팔았다. 사실 카를 5세는 장기적으로 보장되는 상업적 투자 이익보다는 당장 받을 수 있는 있는 현금을 선호했다. 말루쿠 제도로 가는 서쪽 교역로 개척에 들어갈 엄청난 비용과 실행 계획 때문이었다. 경도를 계산하는 정확한 방법 없이는 말루쿠 제도의 정확한 위치를 절대 알아낼 수 없을 터이기 때문에, 자신의 교묘한 지리학적 속임수가 결코 드러나지 않을 거라 생각하면서 리베이로는 카스티야에서 가장 존경받는 지도 제작자로 처신했다.

신세계 약탈이 만든 유럽의 근대

콜럼버스의 아메리카 대륙 발견과 더불어 합스부르크 제국의 금고로 금과 은이 흘러들기 시작하자, 동방의 향신료 무역 수입이 보잘것없어 보이기 시작했다. 포르투갈이 동방 여기저기에 새로운 방식의 무역과 교환 체계를 요구하는 교역소를 설치해야 했던 반면, 에스파냐는 군사력을 이용해 아메리카를 거대한 노예 식민지이자 광산 식민지로 변모시켰다.

1521년 에르난 코르테스는 아스테카 왕국의 수도였던 테노치티틀란(오늘날의 멕시코시티)에 다다랐다. 그는 이곳을 체계적으로 파괴했고, 그 과정에서 황제인 몬테수마를 포함하여 주민들 대부분을 살상했다. 1533년 탐험가 프란시스코 피사로가 소수의 콩키스타도르(conquistador)들과 말을 이끌고 잉카 제국의 수도인 쿠스코(오늘날 페루에 있음) 정복에 나섰다. 원주민들은 에스파냐인들의 폭력적 강탈에 맞설 만한 통상력이나 군사력이 없었다. 에스파냐인들은 이곳에서 엥코미엔다(encomienda)라고 알려진 봉건제와 비슷한 제도를 실시했다. 이 제도는 에스파냐인 감시자들에게 작은 지역 공동체들을 분할하는 것을 의미했는데, 이들은 원주민들에게 악랄하고 약탈적인 방식으로 '생계'(실제로는 혹독한 무상 중노동)와 기독교 교육을 제공했다.

1500년경 대략 4억의 세계 인구 가운데 적게 잡아도 8000

15. 1529년 디오고 리베이로의 평면 구형도는 합스부르크가 권리를 갖는 반구에 말루쿠 제도를 위치시키기 위해 지리 지식을 조작했다.

만 명이 아메리카 대륙에 거주하고 있었다. 1550년경에는 아메리카 대륙의 인구가 1000만 명밖에 되지 않았다. 16세기 초 멕시코의 인구는 2500만 명으로 추산된다. 그런데 1600년에는 100만 명으로 줄어들었다. 천연두나 홍역 같은 유럽의 전염병이 대부분의 원주민을 몰살시켰지만, 전쟁과 도살, 끔찍한 학대 역시 높은 사망률의 원인이었다. 엄청난 양의 금과 은을 발견하는 모험소설 같은 이야기는 더럽고 살육적인 광산사업과 노예 매매로 빠르게 바뀌었다.

에스파냐의 아메리카 대륙 수탈은 유럽 경제에 직접적인 영향을 미쳤다. 처음에는 히스파니올라섬과 중앙아메리카에서 유럽으로 금이 들어왔다. 그러나 멕시코와 페루가 정복되자 저울이 은광 쪽으로 기울어졌다. 1543년과 1548년 사이에 은광이 멕시코시티 북쪽의 사카테카스와 과나후아토에서 발견되었다. 1543년에는 볼리비아 포토시에 있는 세로리코 산에서 거대한 은광이 발견되어, 곧 그 악명이 자자해졌다. 결정적인 돌파구는 1555년 수은 아말감화 처리법이 발견되면서 열렸다. 수은 아말감화 처리법이란 은 광석과 수은을 함께 녹임으로써 순수한 형태의 은을 확보하는 방법을 말한다. 그 결과는 유럽으로 대량의 은이 유입된 것이었다. 16세기 말에 이르면 27만 킬로그램 이상의 은과 약 2000킬로그램의 금이 매년 유럽으로 흘러들었고, 물가 상승은 더 심해졌다. 은과 금의 유입은 임금과 생활비를 치솟게 함으로써 경제사가들이 '가격 혁명'이라고 불렀던 현상에 기여했고, 유럽 자본주의의 장기적 발전을 위한 토대를 형성했다.

아메리카의 광산과 대토지에는 노동자가 필요했다. 지역 주민의 대량 사망은 에스파냐인들이 또다른 노동력 공급원을 필요로 했다는 것을 의미했다. 해결책은 노예였다. 1510년에 카스티야의 왕 페르난도는 히스파니올라섬으로 아프리카 노예 50명을 실어나를 수 있도록 허가했다. 1518년 알론소 수아소는 카를 5세에게 히스파니올라섬 인디오들의 작업량에 관해 우려하는 편지를 썼다. 그런 뒤 그는 '간단한 작업밖에 하지 못하는 너무나 허약한 원주민들과는 달리 그곳에서의 작업에 아주 이상적인 흑인들을 수입할 것'을 건의했다. 1529년과 1537년 사이에 카스티야 왕실은 아프리카에서 신세계로 노예를 실어나를 수 있는 허가증을 360건이나 발급했다. 르네상스 시대의 가장 수치스러운 특징 가운데 하나가 이렇게 시작되었다. 서아프리카에서 포르투갈 '상인들'이 각각 50페소에 구입하거나 혹은 납치한 아프리카 노예들은 작은 배에 쑤셔넣어진 채 신세계로 보내졌다. 그곳에서 그들은 구입가보다 두 배 비싸게 팔렸고 광산이나 대토지에서 일을 시작했다. 1525년과 1550년 사이에 대략 4만 명의 노예들이 아프리카에서 아메리카 대륙으로 실려왔고, 덕분에 유럽은 부유해졌으나 아프리카의 공동체는 황폐해졌다.

모든 에스파냐인들이 아메리카 대륙에서 일어났던 학살과 억압에 찬성했던 것은 아니다. 프란체스코회 소속의 모톨리니아는 '누군가 그토록 많은 죄악의 원인이 무엇인지 묻는다면, 나는 탐욕 때문이라고 대답할 것이다'라고 썼다. 바르톨로메 데 라스카사스 역시 마찬가지의 주장을 폈다. '나는 그들이 마음속에 품은 증오심 때문에 그들(인디오들)을 살해하고 싶어했다고 말하는 것이 아니다. 그들은 부유해지고 싶고 많은 금을 갖고 싶었기 때문에 그들을 죽였다.' 신세계의 발견은 유럽인들의 문화적 우월성에 대한 이해를 철학적으로도 변화시켰다. 1580년에 출간된 『수상록』에 실려 있는 「식인종에 관하여」에서 인문주의자 미셸 드 몽테뉴는 여러 부류의 브라질 인디오들과 오랫동안 이야기를 나누어봤다고 한 뒤 다음과 같은 결론을 내렸다. '그 사람들에게서 야만적이거나 미개한 면을 전혀 찾지 못했다. 모든 사람들은 자신에게 익숙하지 않은 모든 것을 야만적이라고 부른다.' '우리는 그 민족을 우리 자신과 비교해서가 아니라 이성의 원칙에 입각하여 야만인이라 부른다. 실제로는 야만의 모든 측면을 고려할 때 우리가 그들보다 더 야만적이다'라고 주장하면서 몽테뉴는 '문명'과 '야만'이라는 인식에 대한 매우 회의적이고 상대적인 접근법을 발전시켰다.

아메리카 대륙의 발견으로 르네상스 유럽이 그렸던 세계는 혁명적으로 변화했다. 고전시대의 철학적이고 종교적인 뿌리 깊은 신념은 토착 주민들의 문화, 언어, 신념 체계를 설명하지 못했고, 그 한계를 드러냈기 때문이다. 그것은 또한 부분적으로는 중세로부터 좀더 뚜렷하게 근대적인 세계로 유럽을 변화시킨 요인이기도 했다. 그러나 아메리카 대륙의 발견은 새로운 것과 알려지지 않은 것에 대한 공포에다 부에 대한 끝없는 욕망을 더함으로써, 아메리카에서 토착민들과 노예들에게 가해지는 가공할 고통과 억압을 외면하게 만들었다. 오늘날 남아메리카 대부분 지역의 가난과 정치적 불안정, 그리고 근대 세계 경제의 대부분을 특징짓는 부와 기회의 불평등이 그 결과라고 볼 수 있다.

제 5 장

과학과 철학

오라, 메피스토펠레스여. 다시 논쟁을 벌이자.
그리고 신성한 점성술의 이치를 따져보자.
말하라. 달 위로 더 많은 천체들이 있는가?
모든 천체들이 우주의 중심인 이 지구처럼
구 모양을 하고 있는가?
(파우스투스의 대사. 크리스토퍼 말로,
『파우스투스 박사』, 1592년경)

크리스토퍼 말로의 『파우스투스 박사』는 르네상스 시대에 등장한 과학과 사변적 사고가 불러일으킨 흥분과 위험을 극적으로 표현했다. 파우스투스는 천문학, 해부학, 철학 연구의 한계에 부딪힌 박식한 '점성학자'였다. 죽음을 넘어서는 생의 마법적 힘을 찾던 중에 파우스투스는 자신의 영혼을 악마 메피스토펠레스에게 팔았다. 회개할 수 있는 기회를 받았으나 그는 이를 거부했다. 그는 '신성한 점성술'이라는 논란 많은 주제에 대해 메피스토펠레스에게 질문을 던지는 데 더 큰 관심을 갖고 있었던 것이다. 결국 파우스투스는 저주를 받고 지옥으로 떨어졌다. 그러나 학식에 대한 열의와 종교에 대한 경멸이 르네상스 후기의 민중적 상상력을 사로잡았다. 그의 운명은 과학적 실험 윤리에 관한 근대적인 고민들을 압축해서 보여주었다. 이러한 양가성(이것이 우리가 알고 싶은 것인데, 과연 충분히 알 수 있을까?)이 15, 16세기에 나타난 일반 과학과 응용과학에서의 변화의 분위기를 지배하고 있었다. 실용적인 문제 해결을 추구하고, 문화들 사이의 사고의 교환을 모색하고, 새로운 기술들의 영향을 받으면서 새로워진 과학적 협력의 결과로, 인간이 자신의 정신, 몸 그리고 환경과 맺는 관계가 모두 변화했다.

대우주에서 소우주로

파우스투스는 자신의 영혼을 팔자마자 메피스토펠레스에게 '천상의 모든 특질들과 행성들에 대한 정보가 담겨 있는' 책을 요구했다. 파우스투스가 접할 수 있었던 책들 가운데 가장 많은 논란을 불러일으킨 책은 폴란드의 성당 참사회 회원 천문학자인 니콜라우스 코페르니쿠스가 쓴 『천체의 회전에 관하여』였다. 1543년 5월 뉘른베르크에서 처음 출판된 코페르니쿠스의 이 혁명적인 책은 지구가 세계의 중심이라는 중세적 믿음을 뒤집었다. 코페르니쿠스의 천상도는 지구도 다른 모든 알려진 행성들과 마찬가지로 태양의 주위를 회전한다는 것을 보여주었다. 코페르니쿠스는 고전 그리스와 아랍 천문학자들의 저서를 교묘하게 수정했다. 그는 '그들은 그들의 목적을 달성하지 못했다. 지구가 움직인다는 사실을 받아들임으로써만 우리는 그 목적에 도달할 수 있다'고 주장했다.

코페르니쿠스는 자신의 견해를 고전적인 과학 전통 속에 끼워넣음으로써 그것이 갖는 혁명적 중요성을 축소하려고 노력했다. 그러나 가톨릭교회는 공포에 질렸고 코페르니쿠스의 책을 비난했다. 코페르니쿠스의 주장은 지구가—그리고 지구와 더불어 인간이—우주의 중심에 서 있다는 성서적 믿음을 무너뜨렸다. 그것은 해방을 부르는 개념이었으나 위험천만했다.

NICOLAI COPERNICI

net, in quo terram cum orbe lunari tanquam epicyclo contineri diximus. Quinto loco Venus nono menſe reducitur. Sextum deniq; locum Mercurius tenet, octuaginta dierum ſpacio circū currens. In medio uero omnium reſidet Sol. Quis enim in hoc

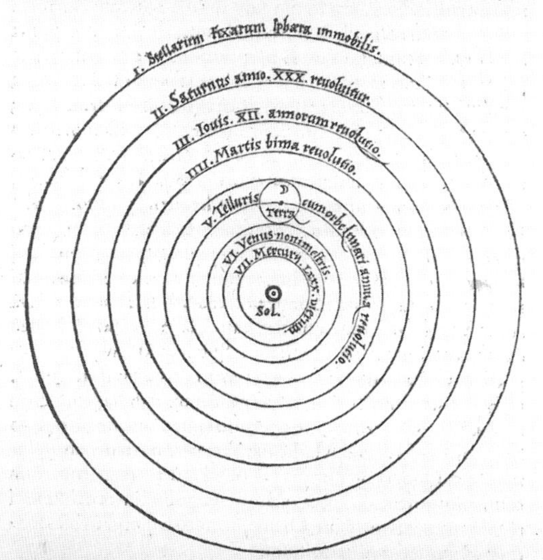

pulcherimo templo lampadem hanc in alio uel meliori loco po neret, quàm unde totum ſimul poſſit illuminare? Siquidem non inepte quidam lucernam mundi, alij mentem, alij rectorem uo- cant. Trimegiſtus uiſibilem Deum, Sophoclis Electra intuentē omnia. Ita profecto tanquam in ſolio re gali Sol reſidens circum agentem gubernat Aſtrorum familiam. Tellus quoq; minime fraudatur lunari miniſterio, ſed ut Ariſtoteles de animalibus ait, maximā Luna cū terra cognationē habet. Concipit interea à Sole terra, & impregnatur annuo partu. Inuenimus igitur ſub hac

16. 니콜라우스 코페르니쿠스의 『천체의 회전에 관하여』(1543)에 수록된 태양계. 처음으로 태양(Sol)이 우주의 중심에 놓였다.

코페르니쿠스의 논문이 발간되고 난 뒤 한 달 만에 다른 과학 분야를 일신할 또다른 책 한 권이 출간되었다. 그것은 안드레아스 베살리우스의 『인체의 구조에 관하여』였다. 1543년 6월 바젤에서 간행된 이 책은 근대 관찰 과학과 해부학의 시작을 알렸다. 속표지에는 베살리우스가 '극장'에서 학생, 시민, 동료 외과의사 등에게 둘러싸인 채 해부학 공개 수업을 진행하는 생생한 모습이 담겨 있었다. 베살리우스는 여성 시신의 복부를 벗겨낸 뒤, 자신을 바라보는 우리를 지그시 응시하고 있다. 이러한 태도는 독자들로 하여금 책 속으로 들어가 인간의 몸을 해골로 변형하는 해부학자의 뒤를 따르도록 이끈다. 해골이 해부된 몸 위를 맴도는 모습이 보일 것이다. 베살리우스는 인체 내부의 신비를 살, 혈액, 뼈로 이루어진 복잡한 지도로 만들어 밝혔고, 이것이 장차 연구의 무한한 원천이 되었다. 인체의 비밀에 대한 그의 탐구는 16세기 후반에 귀, 여성의 생식기관, 정맥계 연구를 위한 길을 터주었고, 1628년 윌리엄 하비의 혈액 순환 이론을 가능하게 했다.

베살리우스의 해부학 연구는 경험적 실재에 대한 체계적인 관찰과 분석에 입각해 있었다. 베살리우스에게 이것은 사형에 처해지거나 병사한 자들의 시신을 강탈해야 했다는 것을 의미했다. 그는 고백했다. '나는 한밤중에 내가 그토록 원하던 것을 탈취하는 게 두렵지 않았다.' 베살리우스가 인체의 소우주적 비밀을 발견했다면, 코페르니쿠스는 우주의 거시적 신비를 탐구했다. 그 의미는 심오했다. 코페르니쿠스는 신의 뜻에 따라 질서가 부여되는 세계라는 개념을 허물어버리면서 결과적으로 시간과 공간에 대한 과학적 인식을 변화시켰다. 대신 지구는 우주의 광범한 시공간 속에서 하나의 행성으로 인식되었다. 베살리우스는 인간을 피, 살, 뼈로 이루어진 무한히 복잡하고 미묘한 기계장치로 바라보았는데, 인간에 대해 훗날 셰익스피어의 햄릿은 '한낱 먼지'로 간주했으며, 철학자 르네 데카르트는 '움직이는 기계'라 불렀다.

코페르니쿠스, 베살리우스와 더불어 수학, 물리학, 생물학, 자연과학, 지리학 등 새로이 각광받는 과학 연구 분야에서 수백 권의 서적이 출간되었다. 루카 파촐리의 『산술, 기하학, 비례에 관한 모든 것』(1494)은 산술과 기하학을 실제 생활에 어떻게 응용할 수 있는지 설명한 최초의 책으로서, 1472년과 1500년 사이에 이탈리아에서 출간된 214권의 수학 저서들 가운데 하나다. 1545년 점성술사 제로니모 카르다노는 『위대한 기술』을 출간했는데, 이는 유럽 최초의 대수학 책이었다. 1537년 니콜로 타르탈리아는 물리학을 다룬 『신과학』을 냈고, 뒤이어 산술 연구서인 『수와 계측에 관한 개설서』(1556)를 출간했다. 레온하르트 푹스의 『식물의 역사』(1542)는 500가지가 넘는 식물을 연구했고, 콘라트 게스너의 『동물의 역사』

17. 안드레아스 베살리우스의 『인체의 구조에 관하여』의 속표지. 해부를 위해 인체를 절개하는 극적인 사건이 극장에서 펼쳐지고 있는 것처럼 그려졌다.

(1551~58)는 수백 개의 삽화를 수록하여 동물학을 재정립했다. 지리학에서는 세계를 지도로 표현하는 새로운 방식들에 대한 실험이 계속되었고, 헤라르뒤스 메르카토르가 1569년 세계지도를 만들면서 마침내 최고의 성과를 이룩했다. 그의 유명한 투영법은 오늘날에도 여전히 사용되고 있다.

르네상스 시대의 과학적 혁신은 예외 없이 실용적 요구와 결부되어 있었고, 전쟁 분야에서 그런 경향이 가장 강했다. 니콜로 타르탈리아의 기계학, 동역학, 그리고 운동에 대한 출판물들은 최초의 근대적인 탄도학 연구를 대표했다. 그의 『다양한 문제와 발명』(1546)은 군사적 야망이 컸던 헨리 8세에게 헌정되었는데, 대포의 제작과 사용뿐만 아니라 탄도학도 다루었다. 타르탈리아의 저서는 무기류와 전쟁에서의 새로운 혁신들을 다루었을 뿐만 아니라 그것을 더욱 발전시켰다. 예를 들면 14세기 초에 밝혀진 추진체로서 화약을 사용하는 방법부터 16세기 전쟁터에서 결정적인 요소로 부상했던 포병부대에 이르기까지 다루는 범위가 다양했다. 그러한 군사-과학적 발전은 해부학과 외과학 분야에서 더 큰 발전을 유도했다. 1545년 베살리우스의 열렬한 숭배자였던 앙브루아즈 파레는 1540년대 프랑스-합스부르크 전쟁에 참전했던 경험을 바탕으로 발전시킨 외과학 분야의 연구 결과를 출판했다. 파레는 총상이 독을 내뿜는다는 민간의 믿음이 잘못되었음을 밝혀냈고, 뜨거운 기름으로 상처 부위를 치료하는 것도 거부했다. 이러한 실질적인 혁신이 훗날 그에게 근대 외과학의 아버지라는 별칭을 안겨주었다.

기하학과 수학 역시 점차 정교해지고 종종 눈에 보이지 않는 상품과 어음의 전 세계적인 움직임을 이해하기 위한 새로운 방식을 제공했다. 뿐만 아니라 기하학과 수학 덕분에 선박 디자인, 측량, 지도 제작에서도 새로운 발전이 이루어졌다. 그리고 이러한 발전으로 이전까지는 상상할 수도 없었던 속도와 규모를 갖춘 훨씬 더 빠른 상거래를 기대할 수 있게 되었다. 레기오몬타누스의 『삼각형에 관하여』는 16세기 지도 제작자들과 항해사들에게 반드시 필요한 책이었다. 이 책의 구면삼각법에 관한 정교한 설명 덕분에 지도 제작자들은 지구의 만곡을 계산하여 지구의를 제작하고 지도투영법을 쓸 수 있었다. 초판은 1522년 최초의 세계 일주의 여파로 초기 지구의 제작 사업의 중심지로 부상한 뉘른베르크에서 1533년에 발간되었다.

수학, 천문학, 기하학에서의 과학적 혁신 덕분에 동쪽과 서쪽 두 방향 모두에서 점점 더 야심찬 장거리 여행과 상거래를 할 수 있게 되었다. 이는 그 자체로서 새로운 문제들과 새로운 기회들을 만들어냈다. 아프리카, 동남아시아, 그리고 아메리카 대륙에서 이루어진 새로운 사람, 식물, 동물, 광물과의 만남으로 유럽인들은 심리학, 식물학, 동물학, 광물학 연구를 확대하고 재정립했다. 이러한 발전들은 종종 상업적인 차원을 가졌다. 1556년에 처음 출간된 게오르기우스 아그리콜라의 『금속에 관하여De Re Metallica』는 '광석 채굴법', '제련법', '소금, 소다, 명반, 황산, 유황, 역청, 유리의 제조법'을 다루었다. 화학, 광산학, 그리고 아그리콜라의 관찰과 남부 독일 광산 공동체의 경험들이 결합되면서 채굴 기술이 혁명적인 변화를 겪었고, 이는 16세기 후반 신세계에서의 은 생산과 수출에서의 엄청난 발전에 핵심적인 역할을 했다.

상인들과 금융가들은 곧 과학에 대한 투자가 수익성 있는 사업일 수 있다는 사실을 깨달았다. 1519년 독일의 인문주의자 울리히 폰 후텐은 매독을 치료한다고 알려진, 아메리카 대륙에서 온 경이로운 신약재인 유창목에 대한 논문을 썼다. 자신의 책을 마인츠의 대주교에게 헌정하면서 후텐은 다음과 같이 썼다. '예하께서 매독에 걸리시지 않았길 바랍니다. 그러나 혹시라도 걸리셨다면(맙소사, 그럴 일은 결코 없을 것입니다!) 제가 예하를 치료하여 낫게 해드릴 수 있기를 바랍니다.' 매독은 신세계에서 출현하여 1493년 콜럼버스와 더불어 유럽으로 왔으니, 병의 지리적 발생지에 그 치료법도 있을 거라는 (잘못된) 믿음이 있었다. 이 약재의 수입 독점권을 보유하고 있었던 독일의 상인 푸거 가문은 유창목의 효과를 보증하기 위한 캠

페인을 벌였고, 유창목을 독점적으로 공급하는 병원들을 열었다. 가격이 오르고, 약효가 없음이 분명해지자, 스위스의 의사이자 연금술사였던 파라셀수스는 유창목을 이용한 치료법을 맹비난하면서 이를 상업적 사기 행위로 매도하고, 더 고통스럽기는 하지만 수은을 이용한 치료법을 추천했다.

파라셀수스는 체액설에 대한 고전적인 믿음을 거부했다. 체액설이란 인간의 몸을 구성하는 네 가지 액체, 즉 혈액, 노란 담즙, 점액질, 검은 담즙이 서로 균형을 유지해야 한다는 믿음이다. 대신 그는 보다 연금술적인 접근을 시도했다. 자연의 기본 성분들은 특별한 질병들과 짝을 이룬다고 보고, 이러한 믿음 때문에 그는 철, 황, 수은 같은 성분들을 매독 같은 질병의 치료에 사용했다. 화학뿐만 아니라 시행착오라는 새로운 방법론에 의지한 파라셀수스는 제도적 · 금융적 권위와 충돌했다. 푸거 가문은 그의 책 출간을 금지하고 학문적 신뢰성을 조롱하기 위해 자신들의 자금력을 동원하여 매독과 수은에 대한 그의 연구에 대응했다. 이러한 갈등은 근대적인 약학 산업과 특허 의학 세계의 등장을 예고했다.

동방에서 온 과학

르네상스 과학은 동방과 서방 사이의 지식 교류가 확대되면서 추가 동력을 얻었다. 고전 그리스의 과학 문헌 다수가 아랍어, 페르시아어, 히브리어 번역본으로 살아남았고, 에스파냐의 톨레도나 9세기 바그다드에 세워진 '지혜의 집' 같은 곳에서 개정이 이루어졌다. 이슬람의 지식 중심지들은 그리스의 지식과 아랍의 혁신에 기초한 과학 발전을 진척시키는 데 핵심적인 역할을 했다. 특히 의학과 천문학 분야에서 발전이 두드러졌다. 일찍이 1140년대에 아랍어 문헌의 라틴어 번역가였던 우고 데 산타야(Hugo de Santalla)는 '특히 아랍어를 모방하는 것이 우리에게 필요하다. 왜냐하면 아랍인들이 우리의 스승이자 선구자이기 때문이다'라고 쓴 바 있다.

아랍의 의학 연구는 서방에서의 지식 보급에 직접적으로 영향을 주었다. 10세기 아랍 학자 이븐시나는 갈레노스와 아리스토텔레스의 그리스 의학서를 연구했고, 『의학대전』이라는 백과사전적인 책을 집필했다. 그는 의학을 '건강할 때와 건강하지 않을 때 나타나는 인체의 다양한 상태를 배움으로써 이를 통해 건강을 지키고, 건강을 잃은 후에는 그것을 회복하는 방법을 배우는 학문'으로 정의했다. 『의학대전』은 12세기에 톨레도에서 헤라르도 데 크레모나에 의해 라틴어로 번역되었다. 이븐시나의 책이 유럽 전역의 대학들에서 의학 교재로 사용되면서 이 번역본은 1500년과 1550년 사이 이탈리아에서 무려 30판 넘게 간행되었다. 1527년 베네치아 의사 안드레아 알파고는 다마스쿠스에 있는 베네치아 영사관에서 의사로 일한 경험에 의거하여 『의학대전』 신판을 발간했다. 알파고는 또한 시리아의 의사 이븐알나피스(1213~88)의 저서들을 연구했다. 혈액과 폐 운동에 관한 그의 연구는 16세기 유럽에서의 순환에 관한 연구에 영향을 미쳤다. 베살리우스는 '이븐시나와 그 외 아랍 저자들을 비판하느라 쓸데없이 시간을 허비하는' 강단의 의사들을 비판했다. 그는 아랍 의학의 중요성을 확신하여 직접 아랍어를 배우기 시작했고, 알라지('라제스Rhazes'라고 알려짐)의 치료법과 약재를 칭송하는 주석서를 썼다. 1531년 '식물학의 아버지'라 불리는 오토 브룬펠스는 이븐사라비윤(아들 세라피온Serapion the younger)이 9세기에 쓴 약재에 관한 저서의 인쇄본을 처음으로 편찬했다. 이 책은 식물학에 대한 그의 지식을 형성하는 데 결정적인 영향을 미쳤다.

천문학과 지리학에서 아랍 학자들은 그리스의 천문학자 프톨레마이오스의 주요 저서들을 번역하는 데 특히 중요한 역할을 했다. 그의 『알마게스트』와 『지리학』은 톨레도, 바그다드, 사마르칸트에서 그리스어에서 아랍어로 번역되고, 비평되고, 수정되었다. 1453년 콘스탄티노플 함락 이후 오스만의 술탄 정복자 메흐메트는 자신이 프톨레마이오스의 열렬한 옹호자임을 보여주었다. 그리스인 학자 게오르기우스 아미루체스에게 프톨레마이오스의 아랍어본 개정 작업을 의뢰할 정도였

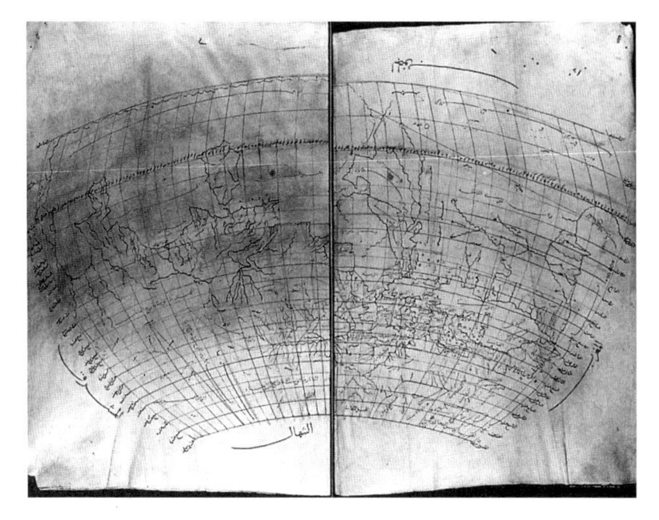

18. 정복자 메흐메트는 1465년 게오르기우스 아미루체스에게 프톨레마이오스 지도 제작을 의뢰했다. 이 지도는 프톨레마이오스 연구가 서방에서뿐만 아니라 동방에서도 얼마나 발전했는지를 보여준다.

다. 1465년 완성된 세계지도는 프톨레마이오스의 계산법과 아랍어, 그리스어, 라틴어 저작에서 얻은 보다 최근의 지리 정보들을 융합한 결과물이었다. 남쪽을 지도 상단에 오게 하고, 위도를 표시하고, 복잡한 원뿔 투영법을 사용한 이것은 당시로서는 최첨단 세계지도였다.

동방과 서방 사이의 학문적 교류는 또한 코페르니쿠스의 태양중심설 출현에도 기여했다. 아랍 천문학과 수학의 가장 중요한 중심지 가운데 하나는 13세기 중반 페르시아에 세워진 마라가 관측소였다. 관측소의 선두적 연구자는 나시르 앗딘 알투시(1201~74)로서, 그의 책 『천문학 논고Tadhkira fi'ilm al'haya』는 천체의 움직임에 대한 프톨레마이오스의 모순되는 설명을 수정했다. 그의 가장 중요한 기여는 '투시의 쌍원(Tusi Couple)' 개념을 고안해냈다는 데 있다. 이 정리에 따르면, 등속원운동으로부터 선운동이 파생될 수 있는데, 투시는 이 사실을 하나의 구가 반지름이 두 배가 되는 또다른 구 내부를 회전하는 모습을 통해 입증해 보였다. 오늘날의 천문학사 연구자들은 코페르니쿠스가 『천체의 회전에 관하여』에서 투시의 쌍원 정리를 그대로 답습했으며, 이 정리는 태양계의 태양 중심 체계를 정의하는 데 핵심적이었음을 밝혀냈다. 그러나 과거에는 어느 누구도 르네상스 과학에 아랍이 끼친 영향을 찾으려 하지 않았다. 찾아낼 것이 아무것도 없다고 단정했기 때문이다.

과학기술

인쇄술은 전에 없이 예술과 과학을 하나로 결합시켰고, 이러한 상황을 가장 잘 활용한 사람은 단연코 알브레히트 뒤러였다. 그는 동판화라는 새로운 기술을 재빨리 익혔고, '원근법의 비밀을 배우기 위해' 이탈리아로 향했다. 그는 '새로운 예술은 반드시 과학, 특히 가장 정확하고 논리적이고 도식적으로 명확하게 구성할 수 있는 수학에 기반해야 한다'고 믿었다. 1525년 그는 기하학과 원근법에 관한 논문을 출간했다. 논문의 제목은 『컴퍼스와 자를 이용한 측량법』이었으며, '화가들뿐만 아니라 금세공인, 조각가, 석공, 목수, 그 밖에 측량에 의존해야 하는 모든 사람들이 유익하게' 쓰도록 하는 것이 목적이었다.

뒤러의 책은 원근법과 광학이라는 새로운 과학의 응용법을 설명했다. 이 책에는 '소묘 장비'의 모습을 담은 삽화가 수록되어 있는데, 이 장비는 피사체에 원근감을 표현하기 위해 격자 틀을 투사하는 데 사용된다. 삽화들 가운데에는 소묘 화가가 종이 한 장에 피사체를 위치시키기 위해 조준기를 이용하는 모습이 담긴 것도 있다. 화가의 작업대에 보이는 격자 구조

19. 1525년 출판된 뒤러의 『컴퍼스와 자를 이용한 측량법』에 수록된 삽화에는 '소묘 장비'를 통해 나체의 여성을 바라보는 소묘 화가의 모습이 표현되어 있다.

는 화가와 모델 사이에 위치한 유리판과 정확하게 일치한다. 화가는 그저 유리판에 표시된 모든 점을 그의 동판에 있는 해당 격자에 베끼기만 하면 되었다. 뒤러의 삽화는 베살리우스의 책에 나오는, 방 하나를 가득 메운 남성들의 의식 고양을 위해 자궁이 절개되어 열린 여성 시신과 공통점이 많다. 뒤러와 베살리우스 두 사람 모두에게 여성은 해부의 대상이거나 성적으로 이용할 수 있는 무언의 모델로서 말고는 이러한 예술적·과학적 혁명에서 아무런 역할도 하지 못하는 존재였다.

초창기 뒤러에게 영향을 준 사람은 르네상스 시대 예술과 과학의 관계를 전형적으로 보여주었던 인물인 레오나르도 다빈치였다. 루카 파촐리는 레오나르도를 '화가, 원근법주의자, 건축가, 음악가 가운데 가장 뛰어난 사람이며, 모든 면에서 완벽한 사람'이라고 추앙하면서, 그는 또한 과학을 연구하여 얻은 지식을 바탕으로 조각가, 측량사, 군사 기술자, 해부학적 지식을 갖춘 소묘 화가로서의 기술을 세상에 내놓은 사람이었다고 평가했다. 예술적 재능과 실용적인 과학적 소양을 결합한 능력 덕분에 다빈치는 권력층의 여러 후원자들에게 극진한 대우를 받으며 일할 수 있었다.

1482년 밀라노의 공작 루도비코 스포르차는 실무 능력을 강조한 이력서를 보고 다빈치를 군사 기술자로 채용했다.

> 저는 아주 가볍고 강하며 이동이 가능한 교량을 만드는 방법을 알고 있습니다. (…) 저는 어떤 요새도 파괴할 수 있는 방법을 알고 있습니다. (…) 대포, 박격포, 경량 대포를 만들 줄도 압니다. (…) 캐터펄트, 망고넬, 트레뷰셋 외 여러 장치들을 조립할 수 있습니다. 공공건물을 짓건, 개인 건물을 짓건 건축 분야에서 최고의 만족을 드릴 수 있을 거라고 믿습니다. 저는 또한 대리석, 청동, 진흙으로 조각품을 만들 수 있습니다.

루도비코 스포르차는 레오나르도 다빈치의 기발한 군사학적 지식을 활용하지는 않았다. 대신 그에게 커다란 기마상 제작을 의뢰했는데, 다빈치에 따르면 이 작품은 '위대한 스포르차 가문의 (…) 불멸의 영광과 영원한 영예를 기리게 될 터였다'. 말의 균형 잡힌 모습을 표현한 스케치와 말을 주조하기 위한 거푸집의 밑그림은 시민들이 스포르차 가문을 찬양하도록 만들기 위해 다빈치가 수력학과 해부학, 그리고 디자인에 대한 자신의 모든 지식을 동원했다는 것을 말해준다.

기술적으로 야심찬 다른 대부분의 계획들과 마찬가지로 레오나르도의 말 동상은 제작되지 못했다. 그는 자리를 옮겼고, 1504년경에는 보스포루스 해협에 350미터 길이의 교량을 세우기 위해 오스만의 술탄 바예지드 2세와 교섭을 하고 있었다. 다빈치는 술탄에게 다음과 같은 편지를 썼다. '저는 아치

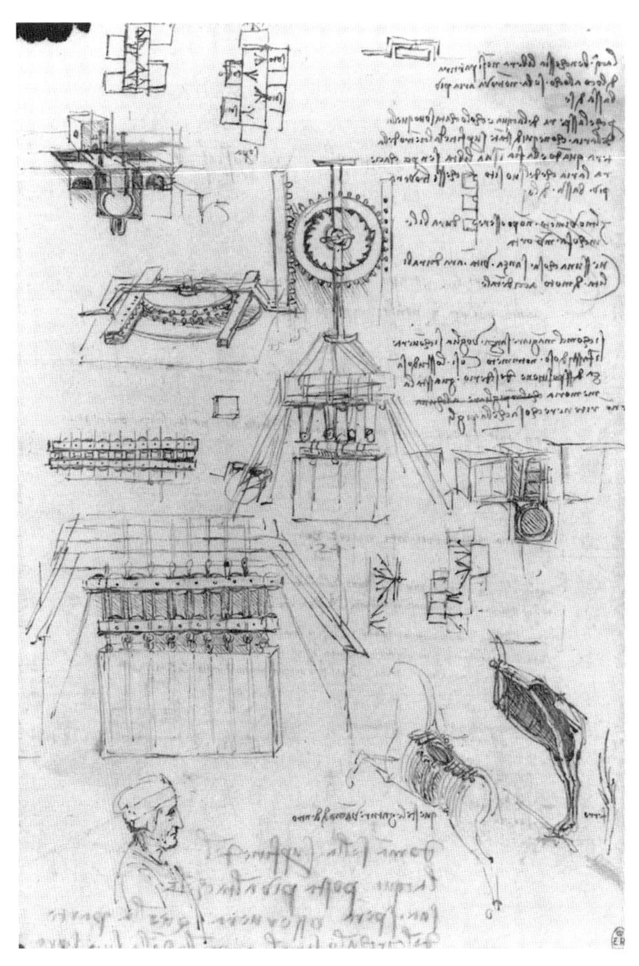

20. 스포르차의 말 동상을 제작하는 데 쓸 거푸집을 만들기 위해 1498년 레오나르도가 완성한 구상도. 그러나 이 동상은 영원히 완성되지 못했다.

처럼 높게 다리를 세울 겁니다. 돛을 활짝 편 배가 그 아래로 다닐 수 있도록 하기 위해서입니다.' 다빈치의 비현실적인 계획에 격노한 바예지드 2세는 그를 내치고 미켈란젤로와 교섭을 개시했다. 다빈치가 저지른 가장 큰 계산 착오는 자신의 아이디어들을 출판하지 않은 것이었다. 그 결과 뒤러와는 달리, 레오나르도는 후대에 어떠한 구체적인 혁신도 남기지 못했다. 19세기에 월터 페이터에 의해 무명에서 벗어나기까지 그는 명민했으나 수수께끼 같은 인물로 남아 있었다.

자연철학

15세기에는 과학, 철학, 마술 사이에 어떠한 구분도 없었다. 셋 모두 '자연철학'이라는 일반적인 표제어 밑으로 들어갈 수 있었다. 고전고대 저자들의 재발견, 가장 중요하게는 아리스토텔레스와 플라톤 저작의 재발견은 자연철학의 발전에 핵심적이었다. 15세기 초까지 아리스토텔레스는 철학과 과학에 대한 학문적 추론에 전반적인 토대를 제공했다. 아랍어 번역본과 이븐루시드 및 이븐시나의 주석본으로 살아남은 아리스토텔레스는 인간과 자연세계의 관계에 대한 철학적인 전망을 제시했다. 『물리학』, 『형이상학』, 『기상학』 같은 남아 있는 저서들은 학자들에게 자연세계를 창조한 힘을 이해하기 위한 논리적 도구들을 제공했다. 인간은 다른 어떤 동물들보다 뛰어난 사고력 덕분에 사회적 공동체를 만들어낼 운명을 타고난 필멸의 '정치적 동물'로 이 세계에 존재했다. 15세기 초부터 인문주의 학자들은 아리스토텔레스의 저서들을 라틴어로 번역하고, 『시학』이나 아리스토텔레스의 저작인지 여부가 확실하지 않은 『역학』 같은 새로운 책들을 발굴해내기 시작했다. 건축과 건설 기술자들은 『역학』에 수록되어 있는 운동에 대한 서술과 기계적 장치들을 활용했다. 정치와 가정 관리 문제에서는 레오나르도 브루니가 『정치학』, 『니코마코스 윤리학』, 『가정론』을 번역했다. 마지막 책은 영지 관리와 가정 경제에 관한 연구로서, 그는 가정이 15세기 이탈리아 사회의 시민 조직에서 핵심을 이룬다고 보았다.

인문주의 학자들은 아리스토텔레스 저작의 새로운 번역본과 주석본을 출간하기 시작하면서 지금껏 소홀히 다루어지던 고전 저자들과 철학 학파들 전체, 특히 스토아학파, 회의주의학파, 에피쿠로스학파, 플라톤학파의 주창자들을 재발견했다. 가장 획기적인 발전은 아리스토텔레스의 스승인 플라톤의 저작들을 재발견하고 번역한 것이었다. 마르실리오 피치노, 니콜라우스 쿠자누스, 조반니 피코 델라미란돌라의 신비주의적이고 관념적인 플라톤주의는 아리스토텔레스와는 달리 영혼은 불멸한다고 주장했으며, 우주적 통일성과 궁극적 진리에 대한 사랑을 열망했다. 피치노가 『플라톤 신학』(1474)에서 주장한 바에 따르면, 지상의 육체에 구속되어 있는 영혼은 '신을 닮으려고 노력한다'. 피치노는 다음과 같이 주장했다.

> 플라톤은 인간의 정신이 신으로부터 모든 것을 받은 이상, 신에게 모든 것을 돌려주어야 하는 것은 마땅하고 신성하다고 여겼다. 그러므로 우리가 도덕철학에 정진한다면, 신은 우리로 하여금 우리의 영혼을 순수하게 만들도록 이끌 것이다. 마침내 우리의 영혼이 구름을 걷어내고 신의 광휘를 바라보고 신을 경배하게 하기 위해서다.

플라톤식의 접근법은 아리스토텔레스 철학에 대해 두 가지 뚜렷한 이점을 갖고 있었다. 먼저 영혼의 불멸성과 신에 대한 숭배라는 측면에서 15세기 기독교 신앙에 훨씬 더 쉽게 수용될 수 있었다. 둘째, 철학적인 추론을 인간이 가진 가장 값진 능력으로 정의했다. 플라톤을 이렇게 해석하면서 피치노는 철학자의 직업적 위상을 끌어올리는 기민함을 발휘했다. 신비주의적인 사색을 앞세워 정치학을 배격한 것은 피치노의 후원자이기도 했던 피렌체의 통치자 코시모 데 메디치의 통치 철학과 잘 들어맞았고, 이러한 이유로 피치노는 1463년에 메디치가 세운 철학 아카데미의 수장으로 임명되었다.

이후의 철학자들은 재빨리 피치노의 신플라톤주의를 확장하고 정교하게 다듬었다. 조반니 피코 델라미란돌라는 『명제집』(1486) 서문에서, 고전 철학과 기독교를 통합하려는 하나의 시도로서 스스로 '플라톤과 아리스토텔레스의 조화'라고 명명했던 것을 만들어내려고 했다. 자연철학을 형이상학적 연구의 최선의 방법으로 정립하기 위해 피코는 신비주의적인 유대 문헌과 아랍 문헌(그는 아랍 철학의 중요성을 인식하여 아랍어를 배웠다)에 의지했다. 그의 주장에 따르면, '견해의 차이와 의견의 충돌은 정신을 성가시게 하고, 산만하게 하고, 상처를 주지만 자연철학은 그런 차이와 충돌을 가라앉힐 것이다'. 불운하게도 피코의 『명제집』은 교황청 위원회의 조사를 받았고, 위원회로부터 여기에 수록된 그의 몇몇 논문이 이단적이라는 판결을 받았다. 후대의 르네상스 학자들은 『명제집』보다 피코의 서문에 더 큰 관심을 갖게 되었다. 그들은 피코의 서문이 인간의 자아에 대해 새로운 견해를 제시했다고 평가했다. 플라톤에 의거하여 피코는 그의 서문에서 인간은 '원하는 바를 가질 수 있고 원하는 것이 될 수 있는 자유를 가지고 스스로를 만들고 형성해나가는 존재'라고 주장했다. 월터 페이터 같은 19세기 저자들에게, 피코의 서문은 개인과 르네상스인의 탄생에 대한 고전적 진술이 되었고, 1882년 『인간의 존엄에 관하여』라는, 저자 자신은 사용한 적도 없는 영어 제목을 갖게 되었다.

플라톤과 아리스토텔레스 모두 16세기 예술, 문학, 철학, 과학에 계속해서 지대한 영향을 미쳤다. 신플라톤주의는 미켈란젤로, 에라스뮈스, 스펜서 같은 다양한 인물들의 예술적 · 문학적 작업에 영감을 불어넣었고, 아리스토텔레스주의는 세상의 팽창에 발맞춰 과학자들과 철학자들이 그 내용을 수정해도 상관없을 만큼 충분히 다양한 학문적 업적들로 존재했다. 그러나 16세기가 끝나갈 무렵 두 철학자의 지적인 우위가 서서히 그러나 분명하게 침식당하기 시작했다. 아메리카가 발견되자, 몽테뉴는 1580년 아리스토텔레스와 플라톤의 업적이 '이 새로운 땅에는 해당되지 않는다'고 판단했다. 17세기 초 아리스토텔레스의 운동과 가속 이론 그리고 우주의 본성에 대한 이론에 반박하면서 갈릴레이는 다음과 같은 결론을 내렸다. '나는 아리스토텔레스가 실험을 통해 자신의 이론을 검증했을 거라고는 생각지 않는다.'

프랜시스 베이컨은 아리스토텔레스를 거부한 갈릴레이에게 동조하면서 과학적 분석에서 경험적 관찰을 옹호하기 시작했다. 1620년에 이르러 베이컨은 '철학과 과학이 더이상 공중에 떠 있지 않도록 하고, 충분한 조사와 검토를 거친 모든 경험들의 견고한 토대에 기반하게 할' 학습의 '대부흥'을 촉구했다. 베이컨의 『신기관』은 아리스토텔레스의 『기관 혹은 이

성적 사고를 위한 도구』에서 제목을 가져온 것으로, 이 책에 대한 직접적인 반박의 글이었다. 아리스토텔레스는 논리적 사고에서 삼단논법을 사용할 것을 주장했는데, 삼단논법이란 반박의 여지가 없는 두 전제(예를 들면, 모든 인간은 죽는다, 모든 그리스인은 인간이다)를 통해 논리적으로 특수한 결론(모든 그리스인은 죽는다)을 추론하는 것이다. 이러한 틀 속에서는 이론과 수사가 실제나 경험보다 더 신뢰할 만한 것으로 간주된다. 베이컨은 이러한 틀을 근본적으로 뒤집었다. 그는 아리스토텔레스의 통용되는 기본 전제들에 대해 문제를 제기해야 한다고 주장했고, 다음과 같이 말했다.

> (삼단논법이 자연과학에는 부적합하다는 사실이 밝혀졌으므로) 새로운 논리는 귀납법으로 발명하고 판단하도록 가르쳐야 한다. 그것이 철학과 과학이 더 진실해지고, 더 유효해지는 방법이다.

베이컨은 과학 지식이 관찰, 실험, 귀납법에 기초하여 얻은 자연세계의 자료들의 신중한 집적을 토대로 해야 한다는 완전히 새로운 전망을 제시했다. 달리 말하자면, 특수한 사실들로부터 일반적인 이론적 원칙들을 끌어내야 한다는 것이었다. 그것은 자연과학의 장르를 개혁하는 위대한 시도였으며 그가 사망할 때까지도 여전히 미완성 상태에 있었다. 그러나 그것은 르네상스 학자들에 의해 존중되던 고전적 가정들과 결별하고, 17세기의 마지막 수십 년 동안 왕립협회에 의해 진행될 경험 과학을 예비하는 것이었다. 1626년 베이컨은 플라톤의 유토피아 세계를 본떠 『새로운 아틀란티스』를 완성했다. 그러나 그곳의 가장 유력한 시민들은 이제 철학자들이 아니라 실험과학자들이었다. 그것은 근대 과학에 영향을 미치고 과학과 철학을 결별하게 만든 엄청난 변화였다.

제 6 장

르네상스 다시 쓰기

'르네상스 문학', 이 용어는 '르네상스 인문주의'나 '르네상스 과학'처럼 우리가 이미 마주쳤던 다른 용어들만큼이나 오해하기 쉽고 시대착오적인 말이다. 페트라르카, 마키아벨리, 모어, 베이컨은 모두 정치가이자 외교관이었고, 이들의 저작은 후대에 가서야 '르네상스 문학'이라는 이름을 달게 되었으며, 현재 비로소 전 세계의 대학교 문학부에서 연구되고 있기 때문이다. 사실 직업 작가들이 출현한 것은 16세기 말경 에스파냐와 영국 같은 나라들에서 극장이 발달하고 인쇄업의 사업적 성공으로 시인들과 팸플릿 작가들이 창작 활동을 전업으로 고려할 수 있게 되면서부터였다. 시, 희곡, 산문 같은 문학적 표현의 다양한 장르들이 이러한 사회적 · 정치적 변화에 다양한 방식으로 호응했는데, 각각은 지역적으로 뚜렷한 특색을 드러냈다. 현재 우리가 르네상스 문학이라고 부르는 것은 주로 유럽의 다양한 속어들, 즉 영어, 프랑스어, 이탈리아어, 에스파냐어, 독일어로 쓰인 것이다. 이 시대의 문학적 발전에 관한 이야기에는 작가들이 엘리트의 국제적이고 고전적인 언어였던 그리스어, 아랍어, 특히 라틴어와 결별하고 자신들만의 속어로 글을 쓰기로 했다는 것도 포함된다. 각각의 속어 전통들을 공평하게 다루기는 불가능하기 때문에, 이제부터는 영어와 특별히 관련 있는 시, 산문, 희곡의 발전에 대해 중점적으로 논의할 것이다.

시

서사시와 더불어 서정시는 르네상스 시대에 문학적 창조성의 절정을 이룬 분야로 평가된다. 이탈리아와 북유럽에서 성장한 궁정 문화가 서정시의 세련된 감수성이 발휘될 수 있는 분위기를 조성했는데, 사랑하는 여인에게 초점을 맞추고 사랑에 빠진 시인의 내면을 반영하는 시가 발달했다. 이 분야에서 가장 영향력 있는 선구자 가운데 한 사람이 바로 인문주의 학자 페트라르카였다. 그의 『칸초니에레』는 1327년과 1347년 사이에 쓴 365편의 시가 실린 시집으로, 단테의 서정시집 『새로운 삶』을 차용했다. 페트라르카는 매우 정형화된 시인 14행의 소네트를 매우 특별한 리듬 구조를 가진 두 부분(앞부분의 8행은 옥타브octave, 뒷부분의 6행은 세스테트sestet)으로 나눔으로써 세련되게 다듬었다. 페트라르카의 소네트는 여성을 이상화함과 동시에 시인이라는 존재의 복잡한 감정을 탐구했다. 페트라르카는 어느 소네트에서 '숙녀여, 당신으로 인해 나는 이 지경입니다'라고 고통을 호소했다. 이러한 내면적이고 자기 성찰적인 시적 스타일은 시인으로 하여금 사랑하는 사람 혹은 종교(둘은 종종 혼합되었다)를 대하는 자신의 도덕적 상태를 탐구하게끔 만들었고, 15, 16세기 르네상스 궁정 문화와 시에 영향을 미치게 되었다.

이 전통은 이탈리아에서는 벰보 추기경의 시에서, 에스파냐에서는 가르실라소 데 라 베가의 작품에서, 프랑스에서는 조아킴 뒤 벨레의 작품에서, 영국에서는 토머스 와이엇이 16세기 중반 속화된 영어로 페트라르카의 시를 번역한 작품에서 발전했다. 영국에서 이 전통은 셰익스피어의 연작 소네트(1600년경)에서 크게 발전했는데, 그는 그의 유명한 시구인 '내 연인의 눈은 조금도 태양 같지 않네'(소네트 130)라는 표현을 사용함으로써 페트라르카적 전통을 패러디하기에 이르렀다. 나아가 셰익스피어는 시인과 연인 사이에 제3의 인물인 남성 연적을 등장시킴으로써 페트라르카를 뛰어넘었다. 재치 있는 영어로 부드럽게 표현되긴 했지만 이러한 삼각관계는 전례가 없는 것이었다. 덕분에 셰익스피어는 '이 사람의 재주와, 저 사람의 기회를 부러워하는'(소네트 29) 남성들 간의 경쟁 그리고 문학 후원과 남의집살이의 문제를 다루게 되었다. 또한 '치욕의 황야에서 정신을 황폐하게 하는'(소네트 129) 성적 욕망의 파멸적 결과를 탐구했다.

소네트 134에서 시인은 친구에게 연인을 빼앗겼음을 인정했다.

나는 이렇게 그가 당신의 것이고
나 역시 당신 뜻대로 되는 저당물임을 고백합니다.
나를 당신께 맡기겠습니다,
그대가 또다른 나를 돌려준다면. 그것이 나에게 위안이 될 것이므로.

시인은 그의 연적과 남자들 간의 우정만은 지켜낼 수 있기를 희망했지만 시를 통해 이조차 불가능하다는 결론을 내렸다. '나는 친구를 잃었는데/당신은 내 친구와 나 모두를 차지해버렸군요./그는 전부 갚았는데, 나는 아직 자유롭지 못합니다.' 시인은 '연인에게' 자신을 저당잡히고, 스스로를 '버리겠다'고까지 제안했다. 또다른 나인 친구를 지키기 위해서 말이다. 그러나 결국 친구조차 이 여인의 성적 매력에 사로잡혀 있었다. 시인은 친구가 빚을 청산하기를, 즉 '전부' 갚기를 희망했다. 그런데 여기서 시인은 'whole(전부)'과 'hole(구멍)'이 동음이의어임을 이용하여 두 남성을 '사로잡는' 여성의 힘이 무엇인지를 드러내는, 더없이 생생한 성적인 이미지를 제시했다. 소네트의 언어는 특별히 법률상의 의무와 금전적 채무 관계에 관한 엘리자베스 시대의 경험을 차용했다. 운을 맞추고 재담을 늘어놓는 기술은 특히나 더 영국적이다. 이로써 셰익스피어는 페트라르카의 라틴어적이고 고전적인 영향으로부터 멀어졌다. 그의 시는 형이상학파 시인들 같은 후대 영국 시인들의 발전을 예고했다. 그의 시는 또한 르네상스 스타일의 시적 표현에서 출발하여 17세기 후반의 민족적 속어 전통으로 가는 변화의 신호가 되었다.

남성적 문학 전통의 도용: 여성이 답하다

페트라르카의 시가 정숙한 미덕의 조용한 귀감으로 여성에게 찬사를 보낸 반면, 셰익스피어의 소네트는 남성 지배적인 문화에서 여성이 갖는 모순적인 지위에 관한 커져가는 우려를 반영했다. 몇몇 여성들은 인문주의 교육의 성격 변화와 인쇄술의 등장을 이용하여 여성성에 관한 또다른 견해를 제시함으로써 이에 답했다. 그들의 저서는 양성 사이의 관계에 관한 전제들에 대해 이의 제기가 있었음을 보여준다. 그것도 남성 위주의 문학 정전들이 우리로 하여금 믿게 하는 것보다 훨씬 더 활발하게 말이다.

16세기 내내 일련의 여성 작가들은 여성들에 관한 남성의 전제들에 대해 문제를 제기하고 여성 고유의 개별적이고 창조적인 자율성을 정립하기 위해 플라톤과 페트라르카의 전통을 이용했다. 『시집Rymes』(1545년 리옹에서 출간된 유고집)에서 페르네트 뒤 기예는 신플라톤적 사상과 페트라르카의 전통을 이용하여 사랑하는 남성과의 평등을 시의 언어로 정립하고자 했다. '내가 당신의 것이듯/(제발 그러하길) 당신은 온전히 나의 것입니다'라고 그녀는 시를 통해 주장했다. 다른 시에서 그녀는 페트라르카의 감정이 변덕스럽고 불평등하다고 비판하며 여성 청중에게 다음과 같이 당당하게 말했다. '우리의 욕망이 변한다 해도/우리 놀라지 맙시다.' 남성 중심의 시적 언어에 대한 거부는 루이 라베에 의해 진일보했다. 그녀의 『작품집Euvres』은 1555년 리옹에서 출간되었다. 라베는 여성 신체의 성적 대상화를 비판하기 위해 페트라르카의 소네트를 차용하여 다음과 같은 질문을 던짐으로써 형세를 뒤집으려 했다. '어떤 고귀함이 남성을 존경받을 만한 존재로 만드는가?' 라베는 사랑하는 남성에게 복종하기보다 그와 겨루기로 하고, 페트라르카의 표현을 또다시 뒤바꾸며 다음과 같이 선언했다. '나는 나의 매력적인 눈을 십분 활용할 생각입니다. (…) 그리하여 곧바로 그를 완벽하게 정복할 겁니다.'

이러한 성적인 솔직함은 교육적 성과를 달성하고 창작의 자유를 누릴 여성의 권리에 대한 주장과 결합되어 있었다. 엘리자베스 시대의 시인 이사벨라 휘트니는 『편지 사본』(1567)과 『향기로운 꽃다발』에서 집안 살림의 제약들로부터의 해방을 주장했다. '가정이 나를 묶어두려 해도, 내가 바라는 것은 내 책과 펜.' 그러나 휘트니가 바라던 가족의 굴레로부터의 자유를 실제로 쟁취한 시인은 베네치아의 창녀였던 베로니카 프랑코였다. 1575년에 출간된 시집 『시Rime』에서 그녀는 돈을 받는 창녀의 관점으로 페트라르카식 사랑의 이상주의를 탈신비화하며 다음과 같이 주장했다. '우리 여성 역시 무장을 하고 훈련을 할 때/우리는 어떤 남성과도 맞서 싸울 수 있을 것이다.' 16세기 중반 유럽에서 날로 심해져가는 종교적 박해와 정치적 박해, 정치적 혼란과 자신들의 관계에 대해 고심하던 프랑코와 휘트니 같은 작가들이 여성의 본성에 대한 매우 다른 관점을 제시하기 위해 택했던 방법은 이러한 남성 문학의 전통이었다.

소설과 인쇄술

작가들 역시 자신들의 독특한 문학적 목소리를 확고히 내기 위해 인쇄술이라는 상대적으로 새로운 매체를 이용했다. 점점 더 박식해지고 변화하는 세상을 이해하기 위한 새로운 방식들을 찾고 있었던 대부분의 대도시 독자들 사이에서 수요가 생김에 따라 문학적 표현이 바뀌기 시작했다. 1554년 도미니크회 소속의 마테오 반델로는 『노벨레Novelle』라는 당대의 도시 생활에 관한 짧은 이야기를 출간했다. 저자에 따르면, 이 책은 '하나의 연관된 이야기가 아니라 다양한 사건들을 모아놓은 문집'에 가까웠다. 친티오라는 이름으로 대중적으로 더 잘 알려진 잠바티스타 지랄디는 1565년 또 한 편의 영향력 있는 소설집을 출간했다. 『100편의 이야기Hecatommithi』라는 이 소설의 서막은 1527년 루터주의 병사들에 의한 비극적인 로마 약탈 사건을 그렸다. 폭력적인 사건들이 로마시대의 비극작가 세네카를 연상시키는 방식으로 묘사되었다. 친티오와 반델로의 소설들은 엘리자베스와 제임스 1세 시대에 상연된 가장 피비린내 나는 위대한 비극 작품들에 영감을 주었는데, 거기에는 토머스 키드의 『에스파냐의 비극』(1587년경), 셰익스피어의 『오셀로』(1603), 존 웹스터의 『하얀 악마』(1613년경)도 포함된다. 산문 쓰기와 마찬가지로, 특히 영국에서 희곡이 발달한 것은 궁정의 후원이나 종교적인 신앙심보다는 투자와 수익성 때문이었다. 덕분에 희곡은 사회와 개인에 대해 점점 더 복잡하게, 사실주의적으로 표현할 수 있게 되었다.

인쇄 공정의 유연성 역시 프랑수아 라블레 같은 작가들로 하여금 작품에 대한 비판을 수용하고 당대의 사건들을 작품의 최신판에 반영할 수 있게 해주었다. 라블레는 『팡타그뤼엘』(1532)과 『가르강튀아』(1534)를 출간했다. 이 책들은 가르강튀아와 그의 아들 팡타그뤼엘이라는 두 거인의 모험을 담은 희극이었다. 라블레는 거인들의 모험을 이용하여 교회부터 새로운 인문주의 학문에 이르기까지 모든 것을 풍자하고 조롱했다. 문어인 라틴어와 속어인 프랑스어를 혼합한 환상적인 '풍성한' 문체로 작품을 썼던 라블레는 팡타그뤼엘을 묘사할 때 이러한 혼합 문체를 잘 보여준다. '태아가 어찌나 거대하고 뚱뚱한지 기절초풍할 지경이어서 〔모친은〕 아이를 낳고 숨을 거둘 수밖에 없었다.' 이렇게 어머니가 '출산중에 사망했던' 이 어린 거인은 양과 곰을 통째로 먹고, 학자를 곤경에 빠뜨리고, 『방귀를 뀌는 기술』, 『점성술을 아는 굴뚝 청소부』를 포함하여 어지러울 정도로 다양한 새로 인쇄된 책들을 통해 신학문을 배운다. 팡타그뤼엘은 또한 '우라질 공작'과 '빌어먹을 공작' 사이의 법정 다툼을 해결했고, 해상 발견과 과학적 혁신을 풍자하기 위해 마침내 '유토피아의 항구'로 항해를 떠난다.

가르강튀아와 팡타그뤼엘의 모험을 담은 네 권의 책은 라블레 생전에 출간되었고 어마어마한 성공을 거두었다. 『팡타그뤼엘』 서문에서 라블레는 '출판업자들이 지난 두 달 동안 판매한 부수가 앞으로 9년 동안 팔릴 성경책보다 더 많을 것이다'라고 자랑을 늘어놓았다. 라블레가 가차없이 풍자했던 파리 소르본 대학의 학자들은 1533년부터 그의 모든 책들을 외설적이고 불경하다고 비난하면서 반격하기 시작했고, 라블레는 평생 동안 저서의 출판 금지 처분을 받았다. 그러나 영국의 풍자가이자 팸플릿 작가인 토머스 내시를 포함한 다른 작가들은 그의 불경한 재치와 풍성한 문체를 받아들였다. 『불행한 나그네』(1594)에서 내시는 16세기 유럽 전역을 방랑하는 수습 기사 잭 윌턴이 전쟁, 종교 갈등, 살인, 강간, 구금에 연루되면서 만나게 되는 악인들의 이야기를 썼다. 라블레처럼 내시는 비교적 새로운 문체의 산문을 써서 기존의 서사시와 서정시의 전통을 완전히 뒤집었다. 서사시 시인들의 낭만적인 서술 기법을 답습하는 대신, 내시의 '기상천외한 이야기들'은 토머스 모어와 에라스뮈스(이들은 소설 속에 소개된다) 같은 초기 인문주의자들의 회의주의와 기교를 차용함으로써, 전통적인 문학 형식의 윤리적 구속들에 도전했다. 여러 가지 스타일과 어조를 생동감 넘치게 활용하면서도 내시는 미겔 데 세르반테스의 『돈키호테』(1604)와 비슷한 어조를 사용했고, 향후 영국 소설이 나아갈 방향을 보여주었다. 대니얼 디포는 내시의 작품을 좋아했던 많은 초기 영국 소설가 가운데 한 명이었다.

서사시

서사시는 반델로, 친티오, 내시의 비교적 새롭고 실험적인 산문 소설보다 훨씬 더 빛나는 혈통을 갖고 있었다. 호메로스의 『일리아드』와 『오디세이아』, 베르길리우스의 『아이네이스』는 르네상스 시인들에게 주인공—호메로스의 시에서는 오디세우스, 베르길리우스의 시에서는 아이네이아스—의 영웅적인 방랑을 통해 구축된 제국과 민족의 기원 신화를 들려주었다. 15세기 이탈리아 도시국가들의 성장과 포르투갈, 합스부르크, 영국의 세계 권력을 향한 발전은 서사시 시인들에게 세계적 규모로 고전적 서사시를 써나갈 기회를 부여했다.

가장 영향력 있는 서사시 작가는 15세기 이탈리아의 유수한 왕조 가운데 하나인 페라라의 에스테가 궁정 주재 대사 루도비코 아리오스토였다. 『광란의 오를란도Orlando Furioso』(1516)라는 서사시 도입 부분에서 아리오스토는 다음과 같이 외쳤다. '나는 기사와 숙녀, 사랑과 전투, 궁정의 기사도, 용맹한 행동들에 관해 노래하노라. 모든 일은 무어인들이 아프리카에서 바다를 건너와 프랑스에 큰 피해를 입혔던 때 시작되었네.' 이 시는 샤를마뉴 대제의 기독교 기사들과 사라센인들 사이의 8세기 전투에 관한 회고적인 기사도 서사시였다. 아리오스토는 당대에 가까운 시대를 배경으로 한 시를 쓸 수는 없었다. 왜냐하면 에스테가의 권력이 16세기 초쯤에는 거의 사그라진 상태였기 때문이다. 아리오스토의 시를 낭송하고 경청하면서 에스테가의 궁정 귀족들은 튀르크인들—근대에 사라센인들과 같은 말로 쓰임—을 무찌르는 공상에 잠길 수 있었다. 그러나 이는 순전히 미학적인 환상이었다. 16세기경 현실의 제국 권력은 이탈리아 외부에 있었기 때문이다.

루이스 드 카몽이스의 서사시 『우스루지아다스Os Lusiadas』(1572)는 좀더 가까운 과거에 일어난 사건, 즉 유럽의 강대국 가운데 하나인 포르투갈 제국의 저물어가는 영광을 다루었다. 카몽이스는 군인이자 제국 행정가로서 16세기 중반 아프리카, 인도, 마카오에서 활동하며 시를 썼다. 『우스루지아다스』는 1497년 바스쿠 다가마의 항해에 초점을 맞추면서 15세기 포르투갈 제국의 성장을 신화적으로 설명했다. 아리오스토와 카몽이스는 자신들의 서사시가 과거인들의 서사시를 능가한다고 주장했다. 자신들의 서사시에 나오는 영웅들의 능력과 지리적 활동 범위가 고전 세계에 비해 월등했기 때문이다. 실제로 포르투갈인들은 그리스인들이나 로마인들은 어디인지 알지도 못하는 곳에서 행동하고 업적을 쌓았다. 카몽이스는 '전쟁의 신 마르스와 바다의 신 넵투누스도 경의를 표하는, 명성이 자자한 포르투갈인에 관하여' 노래했다. 이처럼 이 시대의 서사시는 문학적 제국주의를 위한 문학 모델을 만들어 냈고, 18, 19세기 유럽이 전 세계를 식민화하던 시기 내내 따라야 할 본보기가 되었다. 그러나 카몽이스가 서사시를 쓰던 1570년대에 이르면 포르투갈 제국은 이미 쇠퇴하기 시작했고, 1580년 에스파냐 왕 펠리페 2세는 팽창하는 합스부르크 제국의 일부로 포르투갈을 합병했다. 아리오스토와 더불어 카몽이스의 서사시 역시 이미 지나간 영광을 시의 소재로 이용하고 있었다.

영국에서는 에드먼드 스펜서와 필립 시드니가 이러한 서사시 전통을 이어나갔다. 그러나 그들은 여기에 독특한 프로테스탄트적 감수성을 보탰다. 두 사람 다 튜더 왕조 시대에 만연했던 풍조에 걸맞은 서사시를 써서 자신들의 정치적 입지를 지키려 한 엘리자베스 시대의 야심찬 궁정인들이었다. 시드니의 『아케이디아』(1590)는 이야기체의 산문 그리고 아케이디아의 목동들과 변장한 귀족 영웅들이 읊는 목가적인 운문을 혼합한 형식을 취했고, 엘리자베스 정부에서 중심적인 다양한 문제들을 다루었다. 연애 문제나 왕가의 동맹 문제에 관한 정치적 조언부터 감정을 억누르고 절제할 필요성에 이르기까지 주제가 다양했다. 에드먼드 스펜서는 아리오스토와 카몽이스처럼 정치 행정가였다. 그러나 그의 창작물은 존재한 적이 없는 제국을 찬양했다. 스펜서는 '천상의 빛나는 여신이자/은총의 거울이신 성스러운 폐하/위대한 영국의 가장 존귀한 여인'인 영국의 군주 엘리자베스 1세 여왕을 위해 아일랜드의 식민화에 전념하는 한편 『페어리 퀸The Faerie Queene』(1590~96)을 썼다.

일부러 고대 영어를 사용하면서 스펜서는 믿음과 절제 같은, 특별히 프로테스탄트적인 가치들을 전형적으로 보여주었던 사람들의 모험을 써내려갔다. 그는 엘리자베스를 영광스러운 '페어리 퀸'으로 묘사했고, 동방 태생의 성 조지를 영국의 수호성인으로 내세웠다. 그러나 이는 현실과는 거리가 먼 또 하나의 영광스러운 신화였을 뿐이다. 스펜서가 그의 시를 완성했을 무렵, 엘리자베스 여왕은 유럽에서 정치적으로 고립되어 있었고, 그녀의 유일한 불후의 식민지 유산은 수 세기 동안 이어질 아일랜드에서의 종파적 폭력을 위한 상황을 조성하는 것뿐이었다. 그럼에도 불구하고, 영국이라는 프로테스탄트 국가의 탄생에 대해 속어로 서사시를 창작하면서 스펜서는 주류 유럽 전통에서 눈을 돌렸고, 밀턴의 『실낙원』에 지대한 영향을 미쳤다.

연극

셰익스피어의 희곡은 르네상스에 관한 설명을 마무리하기에 알맞은 주제다. 왜냐하면 그의 문학은 남유럽과 지중해의 영향으로부터 활력을 얻는 고전적 인문주의 전통에서 벗어나 르네상스의 끝을 의미하는, 보다 지역적이고 민족적인 주제에 대한 몰두로 옮겨가는 결정적인 이행을 표시하기 때문이다. 초창기에 셰익스피어는 고전적 전통으로부터 지대한 영향을 받았다. 『실수 연발』(1594)은 셰익스피어가 로마시대의 작가 플라우투스의 희극 『메나에크미』를 고전시대의 에페수스를 배경으로 개작한 작품이다. 역사 비극으로의 첫 진출작인 『타이터스 앤드러니커스』 역시 로마 역사에서 모티브를 가져온 것이다. 이 희곡은 타이터스 앤드러니커스라는 인물을 통해 쇠퇴기에 접어든 제국이 고군분투하는 이야기를 담고 있다. 타이터스 앤드러니커스는 '야만적인' 고트족이 로마라는 '문명화된' 세계의 가치들을 침범하고 점차 압도해가는 모습을 지켜봐야 했다.

초기의 두 작품은 모두 셰익스피어가 과거 고전시대에서 많은 영향을 받았음을 보여주지만, 동시에 엘리자베스 시대 고유의 관심사들과 걱정거리들 또한 반영하고 있었다. 『실수 연발』에서 일어나는 신원 오인이나 금전과 관련된 혼란스러운 상황은 영국이 이슬람교도에 의해 지배되는 지중해 국제 무역에 진입하면서 돈의 유동성과 장거리 교역의 복잡성에 대해 영국인들이 느꼈던 불안을 표현했다. 『타이터스 앤드러니커스』 또한 과거는 과거일 뿐이라는 셰익스피어의 글쓰기를 보여주면서, 영국이 무어인 에런이라는 매력적이지만 불길한 인물 속에 구현된 다양한 문화와의 만남을 받아들이는 법을 배우게 하려고 노력했다. 이 인물은 후일 오셀로로 재탄생했다.

역사적 소재에 대한 자신감이 커지면서 셰익스피어는 그 후로 쓴 희극들과 역사극들에서 좀더 영국적인 문제들, 특히 엘리자베스 시대의 문제들에 대해 점차 관심을 드러냈다. 『리처드 2세』부터 『헨리 5세』에 이르는 일련의 역사극들은 종교의 영향을 받은 연대기적 역사에서 영국의 가까운 과거와 현재와 그 과거의 관계에 대한 좀더 모호하고 경험적인 이해로 옮겨가기 시작했다. 전통적으로 튜더 왕조의 정치적 정통성을 이데올로기적으로 뒷받침하는 논리를 제공했던 것으로 여겨져왔지만, 사실 이 작품들은 엘리자베스 여왕의 선조들이 자행했던 일련의 피비린내 나는 폭력과 찬탈의 역사 또한 폭로하고 있었다. 실패하기는 했지만 엘리자베스에게 맞선 쿠데타를 지지하여 『리처드 2세』가 상연되었고, 아일랜드와 스코틀랜드에서의 정치적 곤경에 대한 민감한 언급 때문에 『헨리 5세』가 검열을 당했다는 것이 그 증거다.

희곡들은 또한 소네트에서 표출된 셰익스피어의 언어적 자신감을 반영했다. 『십이야』에서 페스테라는 어릿광대는 남장을 한 비올라에게 다음과 같이 말한다. "문장이란 똑똑한 사람에게는 가죽장갑과 같아요. 얼마나 재빨리 뒤집어버리는지!"(『십이야』 3막 1장) 말을 뒤집고 찬반 입장을 바꾸는 능력은 인문주의자의 수사법의 특성이었다. 그러나 엘리자베스 시대 런던의 상업 극장에서 그러한 기술은 연극의 청중과 직접 관련된 문제들을 공연하기 위해 사용되었다. 새로 세워진 글로브 극장에서 처음으로 상연된 셰익스피어의 『줄리어스 시저』는 줄리어스 시저의 암살과 로마 공화국의 몰락을 희곡의 소재로 삼으며 다시 고전시대의 과거로 돌아갔다. 그러나 그것은 또한 수사적 기법이 어떻게 정치적 행위를 만들어내는지를 탐구하는 작품이었다. 브루투스와 마르쿠스 안토니우스의 대조적인 장례 연설에서 논의된 공화주의의 유산은 엘리자베스 시대의 절대주의 체제하에서 논의되기에는 위험할 수도 있는 주제였다. 그러나 많은 희극 작품에서와 같이, 셰익스피어는 특정한 정치적 이데올로기에 대한 동조보다는 수사법이 청중에게 어떻게 영향을 미치고 그들을 어떻게 설득하는지에 대해 더 관심이 많았다. 신용 경제에 적응하려 애쓰는 농업 사회의 희망과 공포, 여성의 지위와 변화하는 가족 관계에 대한 우려, 그리고 계속해서 당국을 괴롭히는 종교 문제들과 개인의 구원은 셰익스피어의 연극 이력을 만들어나간 되풀이된 주제들이었다.

'그는 한 시대가 아니라 모든 시대에 속한 사람이다.' 이것은 셰익스피어의 막강한 경쟁자였던 벤 존슨이 셰익스피어가 사망하자 남긴 묘비명이었다. 오늘날 많은 사람들은 위대한 셰익스피어 비극의 주인공들인 햄릿, 맥베스, 리어왕, 오셀로가 그들을 만들어낸 시대와 장소를 초월하는 불후의 창조물이라는 데 동의할 것이다. 그러나 우리는 르네상스를 정의하는 하나의 특징이 작품의 불멸성에 대한 믿음을 스스로 만들어내는 작가들의 능력이었다는 것을 기억해야 한다. 햄릿이 참으로 르네상스적인 인간인 것은 분명하지만, 즉 복잡하고 다면적인 근대성을 보여주고 마르크스와 프로이트가 말한 통찰력을 예시하는 자인 것은 확실하지만, 그는 또한 셰익스피어 시대의 고유한 압력들과 고민들 사이에서 창조된 인물이었다. 죽음에 대한 그의 내면적 독백과 살해당한 부왕의 복수를 하지 못하는 당황스러울 정도의 우유부단함이 근대의 소외된 모든 10대 소년들이 느끼는 희망과 공포를 반영했다고 해석하기는 쉽다. 그러나 그의 행동을 영국의 종교개혁이 만들어낸 프로테스탄트적 감수성과 그에 따른 구원이나 내세에 대한 공포가 만들어냈다고 이해하는 것 역시 중요하다. 햄릿은 내세를 '그 경계로부터 어느 여행자도 돌아오지 못하는 미지의 나라'로 이해했다. 마찬가지로 오셀로의 데스데모나 살해는 파멸적이고 치명적인 질투의 결과임을 보편적으로 반영하는 것처럼 보이지만, 그것은 또한 외부인으로서, '이곳저곳을 방랑하는 사치스러운 이방인'으로서, 모로코와 오스만 제국과 공개적으로 거래하는 영국인들 사이에서 흔히 볼 수 있었던, 기독교로 개종한 회교도로서 오셀로의 고단한 여정을 보여준다.

『템페스트』는 셰익스피어의 문학에 대해 결론을 내리고 르네상스에 관한 이 연구를 마무리하기에 좋은 작품이다. 그동안 이 희곡은 예술의 힘에 대한 명상록으로 여겨져왔다. 셰익스피어의 무대 고별작으로 알려져 있고, 셰익스피어의 가장 고전적인 작품 가운데 하나로 평가된다. 연극은 어느 섬에서 벌어지는데, 이는 베르길리우스의 『아이네이스』에서 차용한 것으로 보인다. 나폴리의 왕 알론조는 그의 딸 클레리벨을 결혼시킨 뒤 튀니지에서 고향으로 돌아오는 항해에 나섰다가 지중해 어딘가에 있는 프로스페로섬에서 난파를 당한다. 앞에서 말했듯이, 이는 트로이에서 카르타고를 거쳐 로마로 간 아이네이아스의 여정을 차용한 것이다. 그러나 이 작품은 또한 유럽인에 의한 아메리카 신세계의 식민화를 강하게 연상시킨다. 『템페스트』는 동서 양쪽 모두에, 즉 동쪽으로는 과거 르네상스 사상가들과 예술가들에게 풍성한 영감의 원천을 제공했던 동부 지중해와 고전 세계를, 서쪽 방향으로는 장차 17세기 후반과 18세기 계몽사상을 탄생시킬 대서양 세계에 주목했다. 문학적 · 지적 · 국제적 전망에서의 이러한 변화가 르네상스의 종말을 의미했다면, 그것은 또한 문화와 사회에 대해 이전과는 다른, 명백히 근대적인 사고의 시작을 알렸던 것이다.

연표

1333년	페트라르카가 키케로의 『아르키아스를 위한 변론』을 발견하다.
1348년	유럽 전역에 흑사병이 창궐하다.
1378년	교회의 대분열이 시작되다.
1397년	메디치 은행이 피렌체에 설립되다.
1400년	브루니, 『피렌체 찬가』 출간.
1414년	콘스탄츠 종교회의가 열리다.
1417년	교회의 대분열이 끝나다. 마르티누스 5세가 교황으로 선출되다.
1420년	포르투갈이 마데이라 제도를 식민화하다. 마르티누스 5세가 로마로 귀환하다.
1438년	피렌체 종교회의가 열리다.
1440년	알베르티, 『가족에 관하여』 출간.
1450년경	구텐베르크가 인쇄기를 발명하다.
1453년	콘스탄티노플이 함락되다. 백년전쟁이 종료되다.
1459년	고촐리가 〈동방박사의 경배〉를 완성하다. 톱카프 궁전의 축조가 시작되다.
1474년	피치노, 『플라톤 신학』 출간.

1488년 바르톨로메우 디아스가 희망봉을 항해하다.

1492년 콜럼버스의 첫 항해가 시작되다. 그라나다가 정복되다. 베하임이 지구의를 제작하다. 벨리니 형제가 〈알렉산드리아에서 설교하는 성 마르코〉를 그리기 시작하다(1504~07년 완성).

1494년 토르데시야스 조약이 체결되다. 이탈리아 전쟁이 발발하다. 루카 파촐리, 『산술, 기하학, 비례에 관한 모든 것』 출간.

1497~98년 바스쿠 다가마가 인도에 도착하다.

1500년 카브랄이 브라질에 상륙하다.

1505년 레오나르도 다빈치가 〈모나리자〉를 완성하다. 뒤러가 이탈리아를 방문하다.

1506년 브라만테가 로마 성 베드로 대성당 건축을 시작하다.

1509년 헨리 8세가 영국의 왕으로 즉위하다(1553년까지 통치).

1511년 에라스뮈스, 『우신예찬』 출간.

1512년 미켈란젤로가 시스티나 성당의 천장화를 완성하다. 에라스뮈스가 『풍부함에 대하여』를 저술하다.

1513년 코르테스가 멕시코에 도착하다. 포르투갈이 호르무즈를 점령하다. 마키아벨리, 『군주론』 출간.

1515년 프랑수아 1세가 프랑스의 왕으로 즉위하다(1547년까지 통치).

1516년 카를 5세가 에스파냐의 왕으로 즉위하다. 에라스뮈스가 그리스어 신약 성경을 출간하다. 토머스 모어, 『유토피아』 출간.

1517년 루터가 '95개조'를 발표하다.

1520년 술레이만 대제가 술탄에 오르다.

1521년 보름스 의회가 개회되다. 마젤란의 탐험대가 태평양에 도착하다.

1524년 독일에서 농민봉기가 발생하다. 라파엘로가 〈콘스탄티누스의 기증〉을 완성하다.

1525년 파비아 전투가 벌어지다. 뒤러, 『컴퍼스와 자를 이용한 측량법』 출간.

1527년 로마 약탈이 발생하다.

1529년 사라고사 조약이 체결되다. 디오고 리베이로가 세계지도를 제작하다.

1533년 헨리 8세가 로마와 결별하다. 홀바인이 〈대사들〉을 완성하다. 레기오몬타누스, 『삼각형에 관하여』 출간.

1543년 코페르니쿠스, 『천체의 회전에 관하여』 출간. 베살리우스, 『인체의 구조에 관하여』 출간. 포르투갈인들이 일본에 도착하다.

1545년 트렌트 종교회의가 시작되다(1563년에 끝나다).

1554년 반델로, 『노벨레』 출간.

1556년 카를 5세가 양위하다. 펠리페 2세가 에스파냐의 왕이 되다. 타르탈리아, 『수와 계측에 관한 개설서』 출간.

	아그리콜라, 『금속에 관하여』 출간.
1558년	엘리자베스 1세가 영국의 여왕으로 즉위하다.
1567년	휘트니, 『편지 사본』 출간.
1569년	메르카토르가 세계지도를 그리다.
1570년	엘리자베스 1세가 파문당하다. 오르텔리우스, 『지구의 무대』(지도책) 출간.
1571년	오스만 해군이 레판토 해전에서 패배하다.
1572년	성 바르톨로뮤 축일의 대학살. 카몽이스, 『우스루지아다스』 출간.
1580년	몽테뉴, 『수상록』 출간.
1590년	스펜서, 『페어리 퀸』 출간.
1603년	셰익스피어, 『오셀로』 출간. 엘리자베스 1세가 사망하다. 제임스 1세가 왕위에 오르다.
1604년	세르반테스, 『돈키호테』 출간.
1605년	베이컨, 『학문의 진보』 출간.

참고문헌

서론

Hans Baron, *The Crisis of the Early Italian Renaissance* (Princeton, 1955)

Warren Boutcher, 'The Making of the Humane Philosopher: Paul Oscar Kristeller and Twentieth-Century Intellectual History', in John Monfasani (ed.), *Kristeller Reconsidered* (New York, 2005), pp. 37-67.

Jacob Burckhardt, *The Civilization of the Renaissance in Italy*, tr. S. G. C. Middlemore (London, 1990)

W. K. Ferguson, *The Renaissance in Historical Thought: Five Centuries of Interpretation* (New York, 1970)

Mary S. Hervey, *Holbein's Ambassadors, the Picture and the Men: An Historical Study* (London, 1900)

Paul Oscar Kristeller, *The Philosophy of Marsilio Ficino* (New York, 1943)

Walter Mignolo, *The Darker Side of the Renaissance* (Ann Arbor, 1995)

Erwin Panofsky, *Studies in Iconology: Humanist Themes in the Art of the Renaissance* (Oxford, 1939)

제1장 세계적 르네상스

Ezio Bassani and William Fagg, *Africa and the Renaissance* (New York, 1988)

Jerry Brotton and Lisa Jardine, *Global Interests: Renaissance Art between East and West* (London, 2000)

Charles Burnett and Anna Contadini (eds.), *Islam and the Italian Renaissance* (London, 1999)

Deborah Howard, *Venice and the East* (New Haven, 2000)

Halil Inalcik, *The Ottoman Empire: The Classical Age 1300-1600*, tr. Colin Imber and Norman Itzkowitz (New York, 1973)

Gülru Necipoglu, 'Süleyman the Magnificent and the Representation of Power in the Context of Ottoman–Hapsburg–Papal rivalry', *Art Bulletin*, 71 (1989), 401–27.

제2장 인문주의자들과 책

Elizabeth Eisenstein, *The Printing Press as an Agent of Change*, 2 vols. (Cambridge, 1979)

Lucian Febvre, *The Coming of the Book*, tr. David Gerard (London, 1976)

Anthony Grafton and Lisa Jardine, *From Humanism to the Humanities: Education and the Liberal Arts in Fifteenth- and Sixteenth-Century Europe* (London, 1986)

William Ivins, *Prints and Visual Communications* (Cambridge, Mass., 1953)

Lisa Jardine, *Erasmus, Man of Letters* (Princeton, 1993)

Jill Kraye (ed.), *The Cambridge Companion to Renaissance Humanism* (Cambridge, 1996)

제3장 교회와 국가

John Bossy, *Christianity in the West, 1400-1700* (Oxford, 1985)

Thomas Brady *et al.* (eds.), *Handbook of European History, 1400-1600*, vol. 1 (Leiden, 1994)

Euan Cameron, *The European Reformation* (Oxford, 1991)

David M. Luebke (ed.), *The Counter-Reformation* (Oxford, 1999)

Steven Ozment, *The Age of Reform, 1250-1550* (New Haven, 1980)

Eugene Rice, *The Foundations of Early Modern Europe*, rev. edn. (New York, 1993)

제4장 멋진 신세계

Jerry Brotton, *Trading Territories: Mapping the Early Modern World* (London, 1997)

Mary Baines Campbell, *Wonder and Science* (New York, 1999)

Tony Grafton, *New Worlds, Ancient Texts* (New York, 1995)

Jay Levenson (ed.), *Circa 1492: Art in the Age of Exploration* (Washington, 1992)

J. H. Parry, *The Age of Reconnaissance* (London, 1963)

Joan-Pau Rubies, *Travel and Ethnology in the Renaissance* (London, 2000)

제5장 과학과 철학

Marie Boas, *The Scientific Renaissance 1450-1630* (London, 1962)

Brian Copenhaver and Charles B. Schmitt, *Renaissance Philosophy* (Oxford, 1992)

Nancy Siraisi, *Medieval and Early Renaissance Medicine* (Chicago, 1990)

Quentin Skinner, *The Foundations of Modern Political Thought* (Cambridge, 1978)

Pamela H. Smith, *The Body of the Artisan* (Chicago, 2004)

제6장 르네상스 다시 쓰기

Terence Cave, *The Cornucopian Text* (Oxford, 1979)

Walter Cohen, *Drama of a Nation* (New York, 1985)

Margaret Ferguson *et al.* (eds.), *Rewriting the Renaissance* (Chicago, 1986)

Stephen Greenblatt, *Renaissance Self-Fashioning: From More to Shakespeare* (Chicago, 1980)

Ann Rosalind Jones, *The Currency of Eros: Women's Love Lyric in Europe, 1540-1620* (Bloomington, 1990)

David Quint, *Epic and Empire* (Princeton, 1993)

역자 후기

이 책은 제리 브로턴의 *The Renaissance*(2006)를 번역한 것이다. 저자 브로턴은 르네상스 시기의 동서 간 교류를 연구하는 학자로서, 두 세계가 독립적으로 존재했던 것이 아니라 정치, 문화, 사회, 경제적으로 다방면에서 지속적으로 소통했다고 주장해왔다. 그의 이러한 역사 인식은 이 책에도 그대로 담겼다. 그에 따르면, 르네상스는 이탈리아뿐만 아니라 북유럽, 이베리아 반도, 이슬람 세계, 동남아시아, 그리고 아프리카에서 매우 독자적이고 독특한 성격을 띠면서 진행되었고, 각각의 르네상스들은 서로 영향을 주고받으며 놀라울 정도로 국제적이고 유동적이며 이동성을 가진 현상이었다. 결국 저자는 전 세계적으로 근대적인 변화들이 움트고 있었으며, 서로 영향을 주고받으며 변화를 더 크게 확장시켰다고 보고 있다.

그의 이러한 르네상스 인식은 르네상스에 대한 보다 근본적인 문제제기로부터 시작된다. 그는 그동안의 르네상스 해석이 역사적 설명과는 무관하다고 일갈하며, 역사가들이 각자의 방식대로 이상적인 사회상을 제시한 것에 불과했다고 보았다. 쥘 미슐레로부터 야코프 부르크하르트와 월터 페이터에 이르기까지, 그리고 한스 바론과 폴 오스카 크리스텔러조차 르네상스와 관련하여 예술과 개성을 강조하며 유럽의 근대성과 근대정신을 부각시키는 전통을 완성하고, 유럽의 우위에 대한 논의를 이어왔다는 것이다. 저자에 따르면 결국 이들은 르네상스를 우상화했던 것에 불과했다.

제리 브로턴은 르네상스를 역사적으로 설명해야 한다고 주장한다. 그 역시 르네상스를 1400년과 1600년 사이에 일어난 근대로의 이행기로 이해한다. 그러나 그의 르네상스 해석은 여러 가지 점에서 이전과 다르다. 먼저 그는 1400년대 이탈리아인들이 고대를 어떻게 인식했는가보다는 어떻게 근대적인 요소들을 갖춰나갔는가에 연구의 초점을 맞추었다. 이런 해석의 둘째 특징은 기존의 르네상스 해석에서는 어우러지지 않는 주제들과 소재들까지 모두 탐구했다는 것이다. 브로턴의 르네상스는 인문주의, 종교, 인쇄술, 무역, 항해, 정치와 제국, 동양에 대한 지식 등 다양한 양상을 보여주는 것으로 이해되었다. 셋째로 이러한 접근 방식을 통해 역사의 연속성을 확인할 수 있다. 그에 따르면, 변화는 급격한 단절이 아니라 매우 서서히 진행된 이행에 가깝다. 또한 이 변화는 예술 분야에서만 진행된 것이 아니라 정치, 사회, 문화 등 모든 부문에서 진행되었다. 이렇게 저자가 말하는 르네상스는 14세기부터 16세기까지의 총체적인 변화를 아우르는 한 시대의 표현이 되었다.

저자는 르네상스에 대한 기존의 이분법적인 시각을 완화했다. 중세와 근대의 차이가 별로 두드러지지 않고, 동양과 서양은 서로 연관된 세계였다는 것이다. 이런 해석은 그리스-로마 문화의 지적·예술적 재평가가 '자의식을 갖춘 인간의 발견', '세계의 발견'과 같은 근대성 및 근대적 개인을 낳았다는 르네상스에 대한 전통적인 해석과는 큰 차이를 보인다.

우리는 이 책을 읽으면서 19세기 역사가들에 의해 각색되었던 이상화된 르네상스의 모습이 아닌, 1400년대부터 1600년대의 정확한 역사상을 살필 수 있는 기회를 얻을 수 있다. 저자에 따르면, 르네상스 시대의 유럽은 동방에 대해 우위를 주장하지 않았다. 그럴 수도 없었다. 오히려 동방을 동경하며 모방했고, 동방의 상품과 지식을 흡수하고 있었다. 회화와 건축물 등에서 동방과 서방의 문화적 교류는 활발했고, 예술가들은 동일한 문화적·지적·미적 전통을 공유하고 있었다. 상품 교류도 계속되었다. 이를 통해 저자는 르네상스 시대에 동방과 서방 사이에는 분명한 지리적 혹은 정치적 경계가 없었음을 확인한다. 브로턴에 따르면, 소위 그러한 경계는 19세기와 20세기 초 역사가들의 편견의 산물이었을 뿐이다.

제리 브로턴이 그려낸 르네상스 인문주의자들의 실제 모습은 결코 비판적인 지식인의 모습이 아니다. 그들은 고대 저자들의 지혜에 몰두하는 이상화된 모습이 아니라, 번역과 출판, 교육 등 고된 업무에 시달리면서 때로는 악의적이고 혹독한 경쟁에서 치열하게 싸우는 모습으로 그려진다. 게다가 어떠한 성격의 권력이든 거기에 아부하고 봉사할 수 있는, 따라서 어떤 권력에든 순응할 수 있는 존재였다. 르네상스 교육 역시 권력이 필요로 하는 서비스를 제공하도록 운영되었다. 그들의 사회적 역할은 비판이 아니라, 위정자에게 필요한 서비스를 제공하는 데 더 집중된 것처럼 보였다.

르네상스는 쥘 미슐레나 부르크하르트가 본 것과는 다르게 어두운 면도 갖고 있었다. 세계의 여러 지역을 분할하고, 식민화하고, 원주민을 노예화하는 파렴치한 모습을 보였다. 르네상스의 위대한 문화적 성과들을 재정적으로 뒷받침한 것이 인간의 생명을 거래하는 부도덕한 교역이었음을 브로턴은 확실히 주지시키고 있다. 저자가 르네상스의 대표적인 이미지로 한스 홀바인의 그림을 꼽은 것은 바로 이러한 이유에서다.

홀바인의 그림은 인문교육을 통해 사회적으로 출세한 인물을, 나아가 동방을 동경하며 그들의 상품을 희구했던 유럽인의 모습을, 무역업과 금융업을 통한 부의 축적이 르네상스를 떠받친 중요한 축임을, 국가 및 문명 간 충돌과 교류가 르네상스의 핵심 요소임을, 마지막으로 종교적 균열과 세계 정복이라는 르네상스의 어두운 면을 정확하게 보여주고 있다. 기존의 해석에서는 다루어지지 않았던 이러한 문제들이 모두 검토되어야만 르네상스라는 역사적 현상을 비로소 정확하게 이해할 수 있다는 저자의 견해는 이 부분에서도 뚜렷이 드러난다.

제리 브로턴이 이러한 변화를 르네상스라고 부른 이유는 무엇이었을까? 이런 의문이 드는 것은 르네상스가 아니라 근대 초라고 부르는 것이 책의 내용을 더 잘 설명할 수 있을 것처럼 보이기 때문이다. 그럼에도 불구하고 이 책의 제목이 르네상스인 데는 이유가 있다. 이 모든 변화가 그리스-로마 고전시대의 문화적 유산에서 비롯되었다고 보았기 때문이다. 그러한 유산은 서양만의 것이 아니라 동양과 함께 공유하는 것이다. 근대를 향한 변화는 서양이 독자적이고 독립적으로 성취한 것이 아니라 동서양의 교류와 경쟁을 통해 만들어낸 것이다. 이를 통해 고전시대와는 전혀 다른 새로운 성격의 근대를 만들어냈다는 저자의 결론은 이렇게 매우 흥미롭다. 무엇보다 르네상스에 덧씌워진 상상 속의 이미지를 벗겨내고, 그것의 여러 모습에 관해 역사적인 설명을 시도했다는 것 자체가 이 책의 가장 큰 장점이다.

독서안내

스티븐 그린블랫, 『1417년, 근대의 탄생: 르네상스와 한 책사냥꾼 이야기』, 이혜원 옮김, 까치, 2013.

이 책은 르네상스의 핵심 개념인 고전의 부활을 잘 보여준다. 그린블랫은 피렌체의 인문주의자인 포조 브라치올리니가 독일의 한 수도원에서 발견한 루크레티우스의 『사물의 본성에 관하여』가 당대의 여러 저술가들과 과학자들에게 영향을 미치며 근대를 열었다고 주장한다. 이 주장은 약간 과장된 측면이 있지만, 책 즉 새로운 생각이 세상을 변화시킨다는 논제를 잘 설명하고 있다.

리사 자딘, 『상품의 역사』, 이선근 옮김, 영림카디널, 2003.

기존의 르네상스 논의에서 간과했던 상품의 교류와 소비가 르네상스의 두드러진 특징 중의 하나였음을 잘 보여주는 책이다. 리사 자딘은 이 책에서 미술작품과 지식 또한 하나의 상품이었다고 주장하면서 르네상스의 풍부한 소비문화를 선명하게 그려내고 있다.

양정무, 『상인과 미술: 서양미술의 갑작스러운 고급화에 관하여』, 사회평론, 2011.

이 책은 르네상스 미술을 예술이라는 순수 미학적인 측면이 아니라 사회경제적 차원에서 분석한다. 저자는 물감의 수요와 공급, 화가의 임금 등을 분석하고, 작품을 주문하고 거래하는 상인의 역할을 부각시킨다. 이 책은 르네상스 시대의 미술작품의 생산과 소비를 역사적으로 설명하면서, 그 시대를 일부 천재들의 작품을 소재로 분석하는 기존 방식을 비판하고 있다.

슈테판 츠바이크, 『다른 의견을 가질 권리』, 안인희 옮김, 바오, 2009.

근대의 탄생이라는 관점에서 보자면 르네상스는 새로운 종교적 심성의 출현이라는 점에서 중요하다고 할 수 있다. 종교에서의 근대성이 종교개혁이 아니라, 종교적 관용의 출현임을 이 책은 잘 보여주고 있다.

마르케사 이리스 오리고, 『프라토의 중세 상인: 이탈리아 상인 프란체스코 다티니가 남긴 위대한 유산』, 남종국 옮김, 앨피, 2009.

이 책은 프라토의 상인 다티니 부부와 그 주변 인물들을 생생하게 되살려냄으로써, 르네상스 시대를 살았던 이탈리아 도시인들의 일상생활을 섬세하게 묘사하고 있다. 또한 다티니의 사업 방식과 규모에서 근대 자본주의적인 요소들의 출현을 읽어내고 있다. 소수의 예술가와 인문주의자들을 통해서 르네상스를 보는 한계점을 보완할 수 있는 좋은 책이다.

알레산드로 마르초 마뇨, 『책공장 베네치아: 16세기 책의 혁명과 지식의 탄생』, 김정하 옮김, 책세상, 2015.

근대 탄생의 중요한 요소는 지식의 대규모 생산과 유포다. 그런 점에서 구텐베르크의 인쇄술은 르네상스를 가능하게 한 핵심적인 기술이었다. 이 새로운 기술을 가장 적극적으로 활용했던 도시가 베네치아였음을, 그리고 그 배경에는 이 도시가 가진 자본과 작가층 그리고 판매망 등이 있었음을 설득력 있게 그려내고 있다.

도판 목록

르네상스

THE RENAISSANCE

초판 1쇄 인쇄 2018년 10월 19일
초판 1쇄 발행 2018년 10월 29일

지은이 제리 브로턴
옮긴이 윤은주
펴낸이 염현숙
편집인 신정민

편집 최연희
디자인 강혜림
저작권 한문숙 김지영
마케팅 정민호 한민아 최원석 안민주
홍보 김희숙 김상만 이천희
제작 강신은 김동욱 임현식

제작처 한영문화사(인쇄) 한영제책사(제본)
펴낸곳 (주)문학동네
출판등록 1993년 10월 22일
제406-2003-000045호
임프린트 교유서가
주소 10881 경기도 파주시 회동길 210
문의전화 031) 955-8886(마케팅)
031) 955-2692(편집)
팩스 031) 955-8855
전자우편 gyoyuseoga@naver.com
ISBN 978-89-546-5341-1 03900

• 이 도서의 국립중앙도서관 출판예정도서목록(CIP)은
서지정보유통지원시스템 홈페이지(http://seoji.nl.go.kr)와
국가자료공동목록시스템(http://www.nl.go.kr/kolisnet)에서 이용하실 수 있습니다.
(CIP제어번호: CIP2018033273)

www.munhak.com